100문 100답

Winning Leader 이기는 리더

찰스 크로스비 지음
김용환 옮김

경영자료사

우리 모두의 오늘과 내일의 문제

나는 젊은 시절, 그러니까 대학을 졸업하고 직장에 다닐 때 리더십을 발휘하는 것이 그토록 어렵다는 것을 몰랐다. 사실 팀장이나 높은 직위에 있는 사람이 명령만 하면 따라오는 줄로 알았다. 그런데 자신에게 속한 사람들을 어던 특정한 방향으로 이끌려고 시도하였으나 그 결과는 항상 예측할 수 없었다.

내가 팀의 리더가 되었을 때 나는 팀원들이 저절로 따라올 것이라고 생각했다. 물론 그런 적도 있었지만 대부분 그렇지 않았다. 그들이 나를 따를 때는 경쟁자에게 밀려 막다른 골목에 이르렀을 때에만 가능했었다.

그때부터 나는 리더와 리더십에 관해서 관심을 갖기 시작했다. 리더십은 직위가 저절로 해결해주는 것이 아님을 깨달았다. 또한 자칭 리더라는 사람이 자신을 따르는 사람의 마음을 사로잡지 못하거나 경쟁자와 패했을 때 얼마나 처참하다는 것을 깨닫기 시작했다.

그렇지만 리더십이란 것이 일부 비범한 사람들의 개인적인 전유물도 아니라는 사실도 깨달았다. 누구나 학습으로 터득할 수 있는 것이며, 리더십은 보통 사람이 자기자신과 다른 사람의 최선을 이끌어내는 것임을 알았다. 이기는 리더는 사람의 마음을 얼마나 잘 잡느냐 하는 것임을 확신하였다.

이 책은 많은 사람들이 현재 리더의 위치에 있는 사람들이 어떻게 리더십을 발휘하여 이기는 리더가 되는 것인가에 대해서 궁금해 하는 질문들을 주로 모아서 대답하는 형식으로 이루어졌다.

많은 사람들이 리더에 대해서 물어보는 질문들은 다음 몇 가지로 요약할 수 있다.

• 다른 사람들, 즉 부하들을 공통의 목표로 이끄는 능력을 어떻게 기를 수 있는가?
• 부하들이 침체되거나 좌절할 때 그들의 기를 사릴 수 있는 방법은 무엇인가?

• 권한과 정보를 나누어주고도 리더로서 가능한가?
• 부하에게 권한을 어떻게 위임하는 것이 효과적인가?
• 다른 사람들을 이끄는데 필요한 능력은 어디서 얻는가?
• 이기는 리더가 되기 위해서 해야할 일은 무엇인가?

본서에서 주로 위의 질문들을 위주로 묻고 답변하였다.

필자는 본서를 통해서 격변하는 세계와전쟁 못지 않게 치열한 경쟁 사회에서, 비즈니스에서는 경쟁사에게 이기고, 세상을 이겨 자신을 따르는 사람들을 어떻게 승리자로 만드는가에 대해서 그 비결과 방법을 제시했다.

저자 **찰스 크로스비**

급변하는 시대에 리더로서의 올바른 길을 제시하다

분명 우리는 범상치 않은 시대를 살아가고 있다. 곳곳에 도전의 기회가 도사리고 있다. 도전은 점점 커지고 있다. 그런 도전에 적절히 대응한다면 우리가 살아가는 세상을 획기적으로 변화시킬 수 있다. 이런 시대에 무엇보다도 우리를 이끌어갈 참된 리더가 필요하다.

리더라고 해서 나라를 이끌어가는 대통령이나 기업을 운영하는 CEO만이 아니다. 회사나 조직에서 맴버 몇 사람을 끌고 가는 팀장이나 부장도 크게 보면 리더이다. 그리하여 우리 주변에 수많은 리더들이 있다. 문제는 리더십을 발휘하는 리더, 조직원이나 팀원들이 안심하고 따라갈 수 있는 리더가 필요한 것이다. 다시 말해 이기는 리더가 요구되는 것이다. 오늘날처럼 격변하는 시대에 더욱더 이기는 리더가 요구되는 것이다.

본서의 저자 찰스 크로스비 박사는 본서를 리더십에 대해서 학문으로만 배운 것이 아니라 회사를 설립하여 CEO가 되어서 실전을 통해서 깨닫고 배운 것을 집필하였다.

이 책의 기본목표는 사람들, 경영자나 경영자를 꿈구는 모든 사람들이 다른 사람들 즉 부하나 팀원들을 감화시키서 눈에 되는 성과를 낼 수 있도록 그런 능력을 강화하도록 돕는 것이다.

이기는 리더들, 즉 최선의 성과를 거두는 리더들에게는 특별하게 보이는 법칙이 있다. 그것은 업무와 직무, 단체에 따라 조금씩 다르지만 그렇다고 해서 많이 다른 것은 아니다. 훌륭한 리더십은 보편적이고 공통적이다. 따라서 이기는 리더들의 특성도한 보편적이어서 누구나 배울 수 있다. 본서의 저자는 바로 그런 보편적이고 학습적으로 가능한 리더십을 본서를 통해서 제시했다. 현재 리더의 위치에 있거나 리더를 꿈구는 사람들 사람들 누구나 이 책을 통해서 급변하는 세대에 리더로서의 능력과 자질을 익힐 수 있다.

본서는 한국의 현실에 맞게 편집하여 번역하였음을 알려드린다.

역자

7

9.이기는 리더의 부하에 대한 자세

이기는 리더에게 필요한 자질

리더십의 참된 의미는 무엇입니까?

 진정한 리더십이란 어떻게 하여 사람의 마음을 사로잡아 움직이게 하여 자신의 뜻을 이루는 것이다.

 "위인은 하인을 다루는 방법에서도 그 위대함을 나타낸다." 영국의 사상가 칼라일의 말이다.

사람은 저마다의 개성과 고집이 있다. 그래서 웬만해서는 다른 사람의 의견을 수용하기가 힘든 것이 사실이다.

그런데 리더십이라고 하면 흔히 남을 명령하는 것으로 생각하는 경우가 많은데, 이것은 크나큰 오해이다.

리더십의 사전적 의미는 '집단의 목표나 내부 구조의 유지를 위하여 성원成員이 자발적으로 집단활동에 참여하여 이를 달성하도록 유도하는 능력' 이라고 되어 있다.

사람이 살아가는 이 세상에서는 정치, 경제, 사회 등 어느 부문에서도 리더는 존재하게 되어 있다. 인간관계의 구조가 상하 좌우로 연결되어 있기 때문이다. 그러므로 다른 사람과의 연결 고리를 탄탄하게 맺는 기술, 즉 사람을 움직이는 기술은 누구에게나 필요한 덕목이 되었다.

인류 최고의 세일즈맨은 예수와 석가모니라는 말이 있다.

형태가 있는 물건은 팔려고 해도 좀처럼 팔기 어려운 노릇이다. 심한 경우에는 회사가 부도를 맞고, 종업원들이 삶의 기반을 잃기도 한다.

그런데 예수와 석가모니는 아무런 형태도 없는 마음을 상품으로 하여 막대한 돈을 거둬들였다는 것이다. 다시 말해서 있는지 없는지도 확실하지 않은 천국과 지옥을 내세워 수많은 사람들의 마음을 사로잡고 엄청난 돈을 거둬들인 셈이다.

잘 생각해 보면 맞는 이치 같기도 하다. 공연히 종교를 모독하자는 이야기가 아니다. 보는 각도에 따라서는 그렇게 생각할 수도 있다는 말이다.

기업의 리더 CEO의 역할

기업 경영에 있어서도 결론적으로는 사람의 마음을 움직이는 것이 관건이라고 할 수 있는 것이다. 사람을 움직이게 만드는 것, 그것은 사람의 정신을 움직이는 것이며, 나아가 구매의욕을 불러일으키는 것도 결국은 사람의 마음을 움직이는 것이기 때문이다.

이러한 이유로 진정한 리더십이란 결국 어떻게 해서 사람들의 마음을 사로잡는가 하는 것이 그 과제이다.

예나 지금이나, 인간의 마음을 사로잡는 사람이 세계를 장악한다고 한다. 기업에 있어서도 마찬가지다. 성공적인 리더는 무엇보다도 자연과 인간의 법칙을 먼저 알아야 한다.

거기에 자신의 철학을 곁들여서 다른 사람을 효과적으로 다루는 방법을 터득해야 한다. 사람을 움직이게 하는 것은 결코 물질만이 아니고, 인간의 마음이 있기 때문이다.

사람의 마음을 간파하고 이를 이끌고 움직이기 위해서는 리더는 리더답게 자주적이고 강렬한 신념을 갖고 있지 않으면 안된다. 그래야만 사람들이 추종하는 것이다.

문 02 리더십과 통솔력의 차이는 무엇입니까?

답 통솔력은 권위적이고 절대적인 수직관계를 나타내는 반면, 리더십이란 그 반대의 뜻을 나타낸다.

L. 아위크는 리더에게 필요한 요건으로 '용기' '의지력' '마음의 유연성' '지식' '고결한 성품' 이 있어야 하며, 특히 공정과 성실함을 끊임없이 간직함으로써 부하에게 신뢰를 받는 일이 중요하다고 말했다.

특히 현대에 와서는 다정다감한 리더, 사랑받는 리더로서의 변모가 두드러지고, 경제에서는 생산성의 극대화를 위해서 유머 감각을 겸비한 리더가 요구되고 있는 시대가 되었음을 주목할 필요가 있다.

리더십과 통솔력을 비교해 보자. 이를테면 최신식 열차와 증기기관차의 차이와 같다고 할 수 있다. 증기기관차는 이제 우리의 기억 속에서 사라지고 없지만, 자기 혼자 머리에서 하얀 김을 내뿜으면서 '나를 따라오라!' 고 강인하게 객차를 이끌고 가는 추진력과 낡음, 이것이 바로 통솔력의 이미지다.

이에 비해 최신식 열차는 산뜻하고, 유연할 뿐만 아니라 속도도 단연 빠르다. 이것은 각 차량에 모터가 내장되어 있고, 그 합해진 힘으로 고속력이 나온다.

차량은 멤버요, 모터는 하려는 의욕이며, 합해지는 힘을 팀워크라고 생각한다면, 운전하는 사람은 바로 리더라고 할 수 있다.

그래서 통솔력이라고 하면 상사와 부하 직원, 명령과 복종, 인화단결, 멸사봉공이라는 말이 연상된다. 그러나 이런 말은 이미 구시대적이다.

이보다는 현대에서 리더십이라는 것은 리더와 멤버(또는 파트너), 설득과 납득, 팀워크라는 단어가 이에 대응한다. 멸사봉공에 대해서는 활사봉공活私奉公이란 새로운 말을 만들 수 있다.

단지 자신을 낮추고 자신을 죽여서는 아무것도 되지 않는다. 자기를 주장하며 개성을 살리고, 주체성을 발휘하면서 전체로서 통합되고 협력해 가는 것이 바로 팀워크다.

리더십이라고 할 때는 인간적 · 인격적으로 대등하게, 상하 감각이 없으며, 역할의 차이가 있을 뿐이라고 하는 사고가 밑바탕에 깔려 있다. 다시 말해서 상하를 따지지 않고 상대방을 설득하여, 납득시키고, 깨닫게 하고, 자주적 · 자발적으로 행동할 수 있도록 하는 인간 존중, 인간 신뢰의 자세가 일관되어 있는 것이다.

절대적인 느낌이 드는 통솔력과 부하의 관계

상사—부하 직원이라고 하면 고정적이고 절대적인 느낌이 드는 반면, 리더—멤버가 되면 직급보다 개선 리더라든가 레크리에이션 리더, 모임의 리더와 같이 좀더 유연한 관계를 의미한다.

누구나 리더가 될 수 있으며, 그럴 때는 연공서열에 관계없이 모두가 멤버가 되고 파트너가 된다. 파트너란 협력자라는 의미이며, 협력자라면 어떤 일이든 상담할 수 있게 된다.

흔히 통솔력이라면 권위적이고 절대적인 수직관계를 나타내는 말인 반면에, 리더십이라 하면 그 반대의 뜻을 나타낼 때 쓰인다.

조직에서 리더의 자격과 역할은 무 엇입니까?

스테프를 설득하여 전체의 일을 원활하게 진행시킴과 동시에 자기가 담당한 부분의 실적을 올리는 것이다.

해설

리더십이라고 하면 위에 서는 사람이 아래 있는 사람을 이끌고 지배하는 것이라고 생각하는 견해가 많다. 그러나 이렇게 보는 것은 일방적인 견해이며, 사실과 거리가 멀다. 한 마디로 리더십은 지배나 명령, 강압이 아니다.

조직이란 상하좌우로 잘 짜이고 맞추어져 있는 사람들의 모임을 말한다. 사람들이 세로와 가로는 물론 대각선으로 또 입체적으로도 짜여 있다.

그렇게 짜인 조직에서 리더는 아래쪽으로만 힘을 미치고 있는 것이 아니다. 위나 옆, 때로는 대각선으로도 영향을 미치면서 큰 작용을 하는 것이다.

기업 경영의 경우, 대각선의 관계라고 하면 경영자와 노동조합과의 관계를 가리키는 경우가 많다. 때로는 특별한 그룹으로서 우먼 파워를 가리키는 경우도 있다. 그리고 스태프와의 관계

또한 대각선의 흐름이라고 할 수 있다.

가로는 일의 흐름이다. 분업 시스템에서는 앞 공정의 흐름이 원활하지 않으면 그 다음 단계에서는 일을 할 수가 없다.

윗부분은 물론 상사이다. 이렇게 볼 때, 리더는 상하 좌우에 신경을 쓰고, 여러 가지를 고민하면서 담당하는 직무를 수행하지 않으면 안 될 위치에 놓여 있다.

결국 리더는 부하 직원을 리드하는 것만 가지고서는 제대로 일할 수 없다는 사실도 분명해진다. 부하 직원에게 강한 리더보다는 위나 대각선에 강한 사람이 리더로서 한 단계 높은 사람이다.

무릇 리더십이란 결국 설득력이므로 상사나 스태프나 노조를 설득해 전체의 일을 원활하게 진행시킴과 동시에 자기가 담당하는 부문의 업적을 올리는 것이 프로 리더의 자격이자 역할이다.

기업에서 리더, CEO

리더 중에서도 가장 상부에 위치하는 리더는 기업에서는 사장이며 대표로서 CEO로 일컬어지며, 국가에서는 대통령이며, 단체에서는 회장이며, 교회에서는 목사, 대학에서는 총장이며, 학교에서는 교장이다.

흔히 사장이라는 표현은 일반적인 존칭이며, 법률적으로는 대표이사라고 해야 맞다. 즉, 회사를 대표하여 대외적으로 섭외를 하고, 회사에 플러스알파가 되도록 물건이나 조건을 취득해 오는 것이 대표이사의 할 일이다.

대표가 사리판단이 옳지 못하고 상대방에게 굽실굽실 머리나 조아리고 있으면 권위가 서지 않고, 아래로부터는 비난과 원망의 소리를 면하기 어렵다.

그러나 믿음직스럽고 덕망이 높은 대표는 신뢰를 받게 됨은 물론 리더로서 아래 흐름에 강해진다. 즉, 위(밖)에 강할수록 아래에도 강해진다는 법칙이 성립되는 것이다. 이것은 모든 리더에게 공통적이다.

문 04 리더십이란 무엇을 말합니까?

답 리더십이란 부하로 하여금 업무를 성공적으로 하게끔 직원들의 개성과 능력을 불러일으키는 능력을 말한다. 즉 분위기를 유도하는 것이다.

해설 리더십이란 인간이 태어나면서부터 지니고 있는 성정인 '하려는 의욕'을 불러일으키는 것이다. 그런 의미에서 상당히 고차원적인 교육 능력이라고 할 수 있다.

교육이라고 하면 학생들의 공부와 같은 지식의 주입을 연상하게 되지만, 본래의 뜻은 이와 정반대이다.

교육이란 말의 어원은 educate라고 해서 '끄집어내어 불러일으키는' 것이다. 인간이 태어나면서부터 지니고 있는 신성神性을 끄집어내는 것이 바로 교육이다.

신성이라고 하면 종교적으로 들리지만, 그것은 신과 같은 성질을 가리키는 말로서 자주성 · 자발성 · 적극성 · 창조성 · 협조성 · 봉사성 등의 바람직한 성질을 일컫는다.

다행스럽게도 인간은 태어나면서부터 그와 같은 바람직한 자질을 지니고 있으며, 페스탈로치를 비롯한 근대 교육의 리더들은 이런 것들을 자연스럽게 끄집어내고, 신장시키고, 발휘시키는 것이 참다운 교육이라고 주장한 바 있다.

이런 교육과 리더십은 성질상 똑같은 것이라 할 수 있다. 신성 神性이라고 하는 종교적인 표현을 '하려는 의욕' 으로 바꾸면 바로 리더십이 되지 않는가.

신성이든, 하려는 의욕이든 간에 그것은 인간을 인간다운 모습으로 간직하게 하는 이성의 활동에 의한 것이다.

이것은 신체의 대뇌 전두엽이 맡고 있다. 고양이나 개의 뇌에도 전두엽이란 것이 있기는 하지만, 크기가 아주 작고 오직 인간만이 커다란 전두엽을 지니고 있는데, 이것이 바로 인간성의 근원이 되는 것이다. 어쨌든 리더십이란 바로 전두엽의 작용인 분위기를 자아내는 것을 말한다.

그 사람을 위한 것이라면, 그 사람이 원하는 것이라면, 하는 의욕을 불러일으키는 분위기의 조성, 풍토의 조성이 다름 아닌 리더십이라는 말이다.

리더십 발휘의 의미

그래서 뛰어난 리더십을 발휘했다는 것은 멤버들이 가지고 있는 의욕을 불러일으켜 최대한의 능력을 발휘시킴으로써, 평상시에는 도저히 엄두도 못 낼 커다란 업적을 성취하게 한 것을 일컫는다.

힘이 센 말을 강변까지 끌고 갈 수는 있지만, 그 말에게 억지로 물을 먹일 수는 없다. 이것은 인간에게도 마찬가지이다. 그만큼 인간을 강제한다는 것은 어려운 일이어서, 어디까지나 자주성과 자발성에 맡기지 않으면 안 된다.

그러므로 하려는 의욕을 키워주는 풍토의 조성, 또 의욕 발휘를 저지하는 요소를 제거하는 동시에 의욕을 불러일으키는 분위기를 만들어 내는 것이야말로 바로 참다운 리더십의 표현이다.

우리 한 사람 한 사람은 씨앗에 비유할 수 있다. 씨앗이 움트고, 꽃을 피우고, 열매를 맺게 하는 원동력은 씨앗 속에 숨어 있는 것이다. 그러나 그 씨앗도 땅이 없으면 살아갈 수 없고, 정들여 키우지 않으면 훌륭한 작물로 클 수 없다.

다시 강조하지만, 진정한 리더란 훌륭한 농부와 같이 인간의 씨앗을 정성들여 돌봐주는 사람을 말한다.

"지도자는 마땅히 자기의 텃밭을 가꿔야 한다. 씨를 뿌리고 살피고 일구어야 하며 그 결과를 거둬들여야 한다. 그리하여 정원사와 마찬가지로 자기가 경작하는 것에 책임을 져야 한다."

남아프리카 공화국의 대통령이자 투쟁의 아버지인 넬슨 만델라의 말이다.

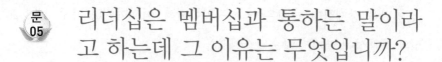

문 05 리더십은 멤버십과 통하는 말이라고 하는데 그 이유는 무엇입니까?

답 리더십은 바꾸어 말하면 파트너십이라고 할 수 있기 때문이다.

해설 지지와 지시는 밀접한 관계를 가지고 있다. 자기가 지지하는 상사에게 받는 지시는 결코 스트레스를 받지 않으며, 스스로 그 일을 하고 싶다는 욕구를 불러일으키기 때문이다.

이것은 리더십과 멤버십은 서로 연결되어 있음을 의미한다. 바꾸어 말한다면 리더십은 파트너십이라고 할 수 있다. 그러므로 좋은 리더는 좋은 멤버, 좋은 파트너였던 사람인 경우가 많다.

리더에 대한 협력도를 높이기 위한 가장 효과적인 방법은 멤버, 즉 부하 직원을 리더로 하는 것, 바꾸어 말하면 리더를 체험시키는 일이다.

직제 상으로 리더의 명칭을 부여할 수는 없겠지만, 때때로 책임감을 갖고 지휘할 수 있는 적당한 임무를 맡기는 것이 좋다. 리더가 되어 보면 리더의 어려움과 중요함을 제대로 알게 되고,

리더에 대한 이해도 및 지지도를 높일 수 있기 때문이다.

이것은 자기 자식을 낳아 부모가 되어 보니 부모의 고마움을 알게 된다는 원리와 같아서, 부하 직원을 가져봄으로써 리더의 역할과 고충을 체험하게 한다는 면에서 매우 고무적인 방법이다.

리더가 되면 자신이 부하 직원이었을 때 어떠한 기분이었는지를 생각하고, 자신이 생각해 오던 리더의 모습에 가까운 인간이 되려고 노력하게 된다.

이런 과정에서 별로 신통치 못했던 부하 직원이 리더가 되자 뜻밖에 훌륭한 리더십을 발휘하기도 한다. 그것은 자신이 부하 직원이었을 때 겪었던 리더의 방식이 잘못되었다고 생각했었고, 그렇기 때문에 반항도 했지만, 자신은 결코 그러한 리더가 되지 않겠다고 생각하여 올바른 리더십을 발휘하게 되는 경우이다.

이것은 반면교사, 즉 내 몸을 꼬집어 남의 아픔을 안다는 원리이다.

바로 이와 같은 심리적인 원인으로 리더가 된 사람 중에는 과거의 경험을 바탕으로 매우 훌륭한 리더로서의 자질을 터득하는 사람이 많이 있다.

부하직원들의 5가지 공통된 욕구

일반적으로 부하 직원들은 어떤 욕구를 가지고 있을까. 리더에게 어떤 점을 원하고 있을까. 이것은 어떤 부하 직원이라도 기본적으로 가지고 있는 욕구이며, 따라서 이런 점이 어긋날 때 부하 직원은 심한 욕구불만을 느끼게 된다.

첫째, 공평하게 취급받고 싶다(차별 대우는 안 된다).

둘째, 인정받고 싶다(능력을 발휘하고 싶다).

셋째, 목표를 부여받고 싶다(확실한 일을 하고 싶다).

넷째, 가르침을 받고 싶다(크고 싶다).

다섯째, 일에 대한 보람을 느끼고 싶다(심리적 욕구를 충족하자).

이런 기본적인 욕구는 부하 직원의 경험이 있는 리더라면 누구나 쉽게 깨달을 수 있다. 그러나 자칫 잊어버리기 쉬운 인간의 기본적인 욕구라 할 수 있다.

문 06 부하직원이 잘못을 저질렀을 때 어떻게 하면 좋습니까?

답 호통은 물론 꾸중을 해서는 안된다. 따라서 잘못을 지적하지 말고 스스로 그 잘못을 깨닫게 하라.

 해설 논리적으로만 움직이는 사람은 흔하지 않다. 대부분의 사람들은 편견을 갖고 있고, 선입견 · 질투심 · 공포심 · 자만심 등에 둘러싸여 있다.

그리고 자신의 주의나주장, 종교, 나아가서는 어떤 가수가 좋다든가 어떤 탤런트가 마음에 든다고 하는 사고방식을 좀처럼 바꾸려 하지 않는다.

테오도르 루스벨트가 대통령이 되었을 때, 자기가 생각하고 있는 것의 75퍼센트만 옳다면 바랄 것이 없다고 말한 적이 있다. 이 위인이 바라고 있는 최고율이 그 정도라고 한다면 우리와 같은 보통 사람은 과연 몇 퍼센트일까.

그래서 우리가 정면으로 남의 잘못을 지적할 수 있는 자격이 과연 있는 것일까.

더구나 다른 사람이 있는 자리에서 공공연하게 말이나 몸짓

등으로 상대방의 잘못을 지적한다는 것은 스스로 그 잘못을 깨닫게 하지 않고 상대방을 욕하는 것과 다름이 없다.

다른 사람 앞에서 잘못을 지적했을 때는 절대로 상대방의 동의를 얻기 어렵다. 상대방은 자기의 지능·판단·긍지·자존심 등에 상처를 입게 되고, 오히려 화를 낼 것이다.

이렇게 되면 이쪽은 우습게도 플라톤이나 칸트의 모든 논리를 총동원하여 그를 공박하겠지만, 상대방의 마음을 돌리는 데는 아무런 효과도 없다. 바로 상대방의 감정이 크게 상했기 때문이다.

"될 수 있으면 남보다 현명해져라. 그러나 자기의 현명함을 남에게 강요하려 해서는 안 된다."

영국 정치계에서 회자되는 말이다.

사람을 다루는 방법과 자기의 인격을 살찌우는 방법을 알고 싶다면 벤자민 프랭클린의 자서전을 읽어보라. 이 자서전에서 프랭클린은 어떻게 하여 자기가 언쟁을 좋아하던 나쁜 버릇을 극복하고, 유능하고 온화하며 사교적인 수완에 있어서 미국 최고의 인물이 되었는가에 관해 밝히고 있다.

자신의 의견을 단정짓지 말라

프랭클린은 이렇게 강조했다.

"나는 남의 의견을 정면으로 반대하거나 자기의 의견을 단정적으로 말하지 않기로 했다. 결정적인 표현, 예컨대 '확실히' 또는 '의심할 여지없이' 라는 말 대신 '나는 이렇게 생각하는데', '현재로서는' 등의 말을 썼다. 상대방의 주장이 확실히 옳지 않더라도 즉각 이를 반대하거나 상대방의 잘못을 지적하지 않기로 한 것이다."

그러므로 어떤 일이 있어도 상대방의 잘못을 직접적으로 지적하는 일이 있어서는 안 된다. 그것은 상대방의 자존심에 상처를 주어, 겉으로는 '네, 알겠습니다' 하고 물러나지만 속으로는 열등감을 느끼고 반감의 싹만 키우게 된다.

때로는 리더가 호통을 치고 꾸중을 하는 경우도 있는데, 이런 상황에서는 아랫사람은 얼굴이 벌게지고 말까지 더듬거리며 심하게 무안을 당한다. 그런데도 자신의 감정만을 앞세워 몰아세운다면 아랫사람에게 심한 반항심을 일으키고 적대감만 안겨주는 셈이 된다.

상대방의 잘못을 지적한다는 것은 '나는 당신보다 머리가 좋고 더 똑똑하다. 그러니 무조건 내 의견을 따라라.' 하는 점을 일깨워 주는 일임을 명심하라. 당신이라면 그런 사람에게 진심으로 동조할 수 있겠는가.

문
07
부하가 자기비하에 빠졌을 때 좋은 방법은 무엇입니까?

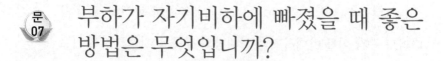

답 인정받고 싶어 하는 욕구를 채워주라. 그리고 그가 중요한 인물임을 깨닫게 하라.

해설 사람을 움직이는 비결 가운데 가장 큰 원칙은 스스로 움직이고 싶은 기분을 불러일으키는 것이다.

그렇다면 어떻게 해야 스스로 움직이고 싶은 기분을 일으킬 수 있느냐 하는 물음이 생길 것이다. 그것은 다름 아닌 바로 상대방이 원하는 대로 해주는 것이 최선의 방법이다.

인간은 무엇을 원하고 있을까.

오스트리아의 심리학자 프로이트에 의하면, 인간의 모든 행동은 두 가지의 커다란 동기, 즉 성적인 충동과 위대해지려는 욕망에서 비롯된다고 한다.

성적인 충동과 같은 것은 비교적 쉽사리 만족시킬 수 있지만, 위대해지려는 욕망은 그렇게 쉽게 채워질 수 없다. 이것은 바로 '자기의 중요감' 과 연결되기 때문이다.

인간의 마음 가운데서 가장 강한 것은 타인의 인정을 받고자 하는 마음이다. 이것이야말로 인간의 마음을 줄기차게 휘어 감고 파고드는 집착이다.

현실적으로 타인의 이러한 갈망을 제대로 만족시켜 주는 사람은 매우 드물지만, 실제로 이를 할 수 있는 사람만이 비로소 타인의 마음을 자기 손아귀에 넣을 수 있다.

영국의 소설가 찰스 디킨즈로 하여금 위대한 작품을 쓰도록 한 것도, 록펠러가 평생 써도 다 못 쓸 만한 엄청난 돈을 벌어들인 것도 그렇고, 발명가 에디슨이 그렇게도 많은 발명을 이루어 놓은 것도 모두가 자기의 중요감에 대한 욕구의 열매인 것이다.

갑부가 필요 이상으로 큰 저택을 짓는 것도 이 같은 욕구의 발로이며, 사람들이 최신 유행의 옷을 몸에 걸치고 최신형 자동차를 몰고 싶어하는 것도 모두 이 중요감에 대한 욕구 때문이다.

자기의 중요성을 찾지못한 사람의 위험성

심리학자에 의하면, 현실의 세계에서 자기의 중요감을 만족시키지 못한 나머지, 광기狂氣의 세계에서 그 만족을 찾고자 실제로 정신이상을 일으키는 사람도 있다고 한다.

정신이상자 중에는 우리들 정상적인 인간보다 행복하게 그 세계를 즐기고 있는 자가 있지 않은가. 그들은 자기들만의 세계 속에서 자신들의 문제를 해결하고 있는 것이다.

선뜻 100만 달러짜리 수표도 끊어주고, 어느 나라의 대통령에게 소개장도 써준다. 정신이상자는 자기가 창조한 꿈나라에서 최대의 소망인 자기의 중요감을 만끽하는 것이다. 만약 우리들이 정상적인 현실에서 그들의 희망을 만족시켜 준다면 어떠한 기적이라도 일어날 수 있을 것이다.

앤드류 카네기는 부하 직원인 찰스 슈와프에게 선뜻 100만 달러의 연봉을 주었다. 슈와프에게 하루에 3천 달러의 급료를 지불한 것은 그가 사람을 다루는 데 있어서 가히 선수였기 때문이다.

카네기는 그와 같은 능력을 가진 사람을 높이 산 것이다.

이처럼 사람을 잘 다루는 비결은 사업의 성공이나 비즈니스에서 그 어떤 기술보다도 훌륭한 자산이 되는 것이다.

문 08 부하의 마음을 움직이게 할 때 부하의 무엇을 노려야 합니까?

 답 이성 다음에 감성을 자극해야 한다. 그러기 위해서는 두뇌 다음에 감정을 노려야 한다.

 해설 "의사소통에서 당신이 범할 수 있는 최대 실수는 당신의 견해와 감정표현에 최우선 순위를 두는 것이다. 사람들이 진정으로 원하는 것은 자기 말을 들어주고 자기를 존중하고, 이해해 주는 것이다. 당신이 자기 말을 이해하고 있다고 느끼는 순간, 사람들은 당신의 견해를 이해하려는 동기를 부여받는다."

펜실베이니아대 교수인 데이비드 번스가 지적한 말이다.

이론적으로는 설득력이 있다 해도, 마음을 움직이지 못하면 그 리더십은 결과적으로 실패한 리더십이라 할 수 있다.

마음에 감화를 받을 때 사람은 진정으로 그를 따른다. 리더가 눈짓이나 말투, 몸짓으로 아랫사람의 잘못을 지적할 수는 있지만, 설령 아무리 뛰어난 리더라도 그것은 단적으로 상대방을 욕하는 것과 다를 바 없다는 것을 기억해야 한다.

회사에 근무함으로써 얻는 이익과, 만일 실직이라도 하는 날이면 큰일이라고 하는 두려움 때문에 사람은 일을 한다. 이때 그들을 지배하고 있는 것은 이러한 생각을 갖는 이성이며, 그 자극이 없어지면 움직임 또한 둔해지게 마련이다.

그러나 부하 직원으로 하여금 그의 모든 능력을 발휘시키고, 이를 지속시키기 위해서는 그에게 돌아가는 이익 이외의 무엇인가가 있어야 한다.

그렇다면 과연 무엇이 있어야 의욕을 가지고, 하는 일에 전념하게 할 수가 있을 것인가.

이러한 리더십을 심리학적으로 표현하자면 '동기부여'이며, 여기에는 외적인 동기부여와 내적인 동기부여가 있을 수 있겠다.

외적인 동기 부여와 내적인 동기 부여

이익과 혹은 두려움은 외적인 것이며, 사람은 이것으로 움직이지만, 마음속에서 우러나오는 의욕을 갖게 하려면 내적 동기가 부여되어야 한다. 즉, 헤드(head) 다음에는 하트(heart)를 담금질해야 한다.

"이 일은 상당히 어려운 작업이네. 자네 아니고서는 어려워. 부탁해!"

이렇게 상사가 부하 직원에게 말한다면, 부하 직원은 없던 용기라도 내어 정열을 불태우리라.

결혼을 했거나 아이를 가진 부하 직원과 복도 같은 곳에서 마주쳤을 경우, 인사만 받고 그냥 지나쳐 버리지 말고, 가볍게 어깨라도 다독거리면서 '집사람은 건강한가?' , '아이들은 잘 자라지?' 하고 관심을 보여주는 것은 아주 좋은 방법이다.

속이 들여다보인다고 생각하는 사람이 있을지 모른다. 쇼맨십이라고 여기는 사람도 있을 것이다. 하지만 진심은 진심으로 통하는 법이다. 부하 직원에 대한 이러한 관심과 애정표현은 노력 없이는 이루어질 수 없다.

이성을 자극하면 인간은 활동한다. 그러나 그것은 행동을 위한 레일 판을 설치하는 데 지나지 않으며, 그 위를 힘차게 달리게 하려면 아무래도 감정을 자극해야만 한다.

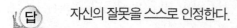

문 09 부하 앞에서 실수를 했을 때 리더로
서 어떻게 하는 것이 현명합니까?

답 자신의 잘못을 스스로 인정한다.

 자기의 나쁜 점을 알았다면 남에게서 지적당하기보다는 스
스로 깨닫는 것이 오히려 마음이 편하다. 자신의 잘못에 대해
상대방이 말하고자 하는 것을 자신이 먼저 말해 버린다. 그렇
게 하면 상대방은 할 말이 없어진다. 그럴 때 대개는 상대방
은 관대하게 되어 이쪽의 과오를 용서해 주는 태도를 취할 것
이다.

아무리 무능한 사람이라도 자신의 실수를 변명할 정도의 능
력은 가지고 있다. 자신의 과오를 솔직히 인정한다는 것은 상대
방의 가치를 올려줄 뿐만 아니라. 자신도 무엇인가 고결한 느낌
이 들어 즐거워지는 법이다. 그 한 예로서, 미국 남북전쟁 때의
남군 총사령관 로버트 리 장군의 이야기를 소개해 본다.

캔디스버그의 전투에서 부하 직원인 피켓 장군이 저지른 돌
격 실패에 대해 리 장군 혼자서 책임을 졌던 이야기다.

피켓 장군의 돌격 작전은 서양 전쟁사에서 일찍이 그 유례가 없을 만큼 혁혁한 것이었다. 피켓 장군은 생기발랄한 군인으로서, 그는 이탈리아 전선에서의 나폴레옹처럼 싸움터에서 매일 편지를 쓰곤 했다.

운명의 날 오후에 그가 기세당당한 모습으로 진격을 시작할 때, 그를 신뢰하는 부하 직원들은 깃발을 휘날리면서 그의 뒤를 따랐다. 참으로 용맹스런 광경이었다. 이날의 돌격 작전은 혁혁하고 장렬한 것이었지만, 실로 그것은 남군 패배의 첫걸음이었다. 리 장군은 실패하고, 북군에게 이길 가망은 사라져 버렸다.

만일 리 장군이 이 돌격 작전의 실패 책임을 피켓 장군에게 전가하려고 마음먹었다면 얼마든지 빠져나갈 수 있는 여지가 있었다. 휘하 사령관 중 몇 사람은 명령에 불복종했다. 기병대도 돌격 시간에 늦었고, 기타 여러 가지 이유도 있었다. 그러나 그는 책임을 남에게 전가하지 않았다. 그는 남부 연맹 대통령에게 사표를 냈고, 참패한 피투성이의 병사를 맞이하러 혈혈단신으로 전선에 뛰어가 사병들에게 "모든 것이 나의 잘못 때문이다." 하고 사과했다.

자신이 옳은 경우에도 겸손하라

아무리 당신이 옳은 경우에도 부드럽고 겸손하게 대해 보자. 그러면 부드럽고 겸손하게 대응해 올 것이며, 말할 수 없는 고마움을 느끼게 될 것이다.

곰곰이 생각해 보면 자기가 옳지 않은 경우가 놀랄 만큼 많은 법이다. 그러므로 간혹 자기가 옳지 않을 경우에는 자존심을 지키려고 망설이지 말고, 재빨리 자기의 과오를 진심으로 인정해 보자.

그렇게 하면 상대방도 오히려 마음을 누그러뜨리고 사람은 가끔 실수할 수 있다는 사실로 받아들일 것이다. 당

이런 방법을 실제로 써보면 놀라운 결과를 가져다 줄 뿐 아니라, 괴로운 변명을 늘어놓는 것보다 훨씬 유쾌한 기분이 들게 해줄 것이다.

"지도자는 자기 자신을 엄격하게 통제할 수 있어야 한다."

"지도자란 희망을 파는 상인이다."

나폴레옹의 말이다.

상사와 부하직원과의 사이가 멀어 졌다고 느껴졌을 때 상사로서 좋은 방법은?

답

부하직원과 마음의 교류를 하라. 부하직원과 한 마음이 되려면 다음 의 5가지 조건이 충족되어야 한다.

해설
기업체 경우를 보자. 회사에 따라서는 상사와 부하 직원이 한 마음이 되어 팀장은 부하 직원을 돕고, 부하 직원은 상사를 정성껏 모시는 장면을 볼 수 있다.

이것은 상사와 부하 직원 사이에 무엇인가 자연스러운 마음 의 접촉이 유지되고 있기 때문이다.

이와는 반대로 상사와 부하 직원 사이가 서로 떨어져 있는 경 우가 있다. 부하 직원은 정해진 일밖에는 하려 들지 않는다. 그 러면서 상사에 대해서 불만을 품고, 상사가 실수라도 하는 날이 면 부하 직원은 마음속으로 좋아한다. 상사와 부하 직원 사이에 마음의 접촉이 없기 때문이다.

이 양자의 차이는 업무나 사업 성과에 큰 차이를 가져온다. 그 원인은 단순하다. 상사가 부하 직원에게 권한을 위양하지 않았든지, 위양을 했다 하더라도 권한 위양이 참되게 실행되고 있지 않기 때문이다.

권한 위양을 통하여 상사와 부하 직원이 한마음이 되려면 다음과 같은 조건이 필요하다.

부하직원과 한 마음이되는 조건

첫째, 부하 직원 쪽이 상사에 대하여 안테나를 두고 감지해야 한다.

상사가 과연 어떤 문제 해결을 앞두고 있는가, 어떠한 문제가 가장 긴급을 요하는가, 상사를 둘러싼 여러 가지 정세 등에 대해서 부하 직원은 이것을 알려고 하는 안테나를 가지고 촉각을 곤두세워야 한다.

둘째로, 상사는 부하 직원에게 그 일의 목적이나 목표, 달성해야 할 일의 성과나 기한을 명확하게 밝혀두어야 한다.

부하 직원으로부터 질문이 있으면 상사는 기꺼이 그 문제점에 대해서 설명해 줄 필요가 있다.

더욱이 새로운 사태가 발생했거나 예기하지 못했던 사태가 발생했을 경우에는 목표나 방침을 변경해야 할 경우가 발생할 수도 있다. 이러한 경우에는 상사는 부하 직원에게 이를 신속히 전달하고, 이에 관한 진지한 대화를 가져야 한다.

셋째로, 상사는 부하 직원에게 맡겨두어서는 안 되는 일에 대해 필요한 컨트롤 포인트에 대해서 면밀히 체크해 나가야 한다.

이렇게 이야기를 주고받는 과정에서 권한을 위양한 업무가 어떻게 진행되고 있는지, 부하 직원은 그 일에 대해서 어떠한 방법을 취하고 있는지, 무엇인가 장애요인에 부딪히고 있지 않은지, 부딪히고 있다면 그 장애요인을 어떻게 극복하고 있는지에 대해서 체크할 필요가 있는 것이다.

이러한 대화를 통해서 상사와 부하 직원 사이에 마음의 접촉이 유지되고, 한 뜻으로 행동해 나아갈 기초가 만들어진다. 요컨대 상사가 부하 직원에게 권한을 위양함으로써 부하 직원에게 일을 하도록 하는 것이다.

이기는 리더의 마음자세

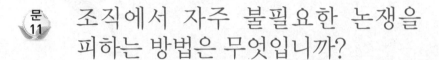

조직에서 자주 불필요한 논쟁을 피하는 방법은 무엇입니까?

답 가급적 상대에게 양보하고 이기려고 하지 말고 져주는 것이다.

해설 논쟁은 예외 없이 쌍방 모두에게 상처를 입힌다. 서로 상대방에게 자기주장이 옳다는 생각을 강력하게 주입시키며, 언성을 높이고 얼굴을 붉히는 사태로까지 발전하는 것이 논쟁의 속성이다.

자신의 생각이 옳다고 생각하므로 상대방의 의견을 쉽사리 수긍할 리 없고, 왜 자신의 생각이 옳은가에 대해 논리적으로 내세우다 보면 상대방의 잘못된 점만 지적하게 된다.

"그건 그렇지만 내 의견은 이래" 하면서 부드러운 분위기에서 상대방을 인정하며 주거니 받거니 논쟁을 펼 수도 있다. 상황이야 그렇게 연출할 수 있다 해도, 속마음 한편에서는 상대방의 말을 진심으로 받아들이지 못한다. 이것이 평범한 보통 사람들의 심리이다.

승리한 당신은 유쾌한 기분이 될지 모르나, 상대방은 자존심에 상처를 입고 열등의식에 사로잡혀 언제까지나 그 패배의 쓰라림을 기억하게 된다. 인간은 억지로 설득당했다고 해서 결코 진심으로 납득하지는 않는 법이기 때문이다.

나폴레옹 왕실의 수석 시종으로 있던 콘스탄트는 황후 조세핀과 가끔 당구를 쳤다. 콘스탄트는 『나폴레옹의 사생활 회고록』에서 다음과 같은 고백했다.

"나의 당구 솜씨는 상당한 것이었지만, 황후에게 늘 승리를 양보했다. 황후께서는 대단히 기뻐하셨던 모양이다."

이 고백은 귀중한 교훈을 내포하고 있다. 당신도 고객이나 애인, 또는 남편이나 아내와 하찮은 말다툼을 할 때에 승리는 가끔 상대방에게 양보하는 것이 좋다.

또 석가모니는 이렇게 말했다.

"증오는 증오로서는 영구히 사라지지 않는다. 사랑으로 해서 비로소 사라지는 것이다."

오해를 했을 경우에도 또한 논쟁으로서는 영구히 풀리지 않는다. 상대방의 마음을 풀어주는 기술과 생각, 그리고 위로, 게다가 다른 사람의 견해를 받아들이는 성숙됨이 있어야 비로소 오해가 풀릴 수 있다.

언젠가 링컨은 동료들과 싸움만 일삼고 있던 한 청년 장교에게 이렇게 충고했다.

"훌륭한 사람이 되고자 결심한 사람일수록 사사로운 언쟁에

시간을 낭비하지 않는 법이다. 언쟁은 결과적으로 기분을 매우 상하게 하고, 자제력을 잃게 하고 만다."

그러면서 링컨은 이렇게 말을 이었다.

"이쪽에 반쯤의 타당성밖에 없을 경우에는 아무리 중대한 일이라도 상대방에게 양보하라. 그리고 설령 이쪽에 충분한 타당성이 있다고 생각되는 경우라도 사사로운 일이라면 양보하라. 좁은 길에서 개를 만나 권리를 주장하다가 개에게 물리는 것보다 차라리 개에게 길을 양보하는 편이 현명하다. 개를 죽여 보았자 물린 상처는 낫지 않는다."

아량과 현명함이 필요하다

성공한 사람에게는 이처럼 남과 다른 아량과 현명함이 있었다는 사실을 잊으면 안 된다. 그들은 이렇게 보통사람보다 넓은 안목과 이해심으로 모든 불리한 상황들을 유리하게 풀어나갔던 것이다.

"언쟁을 하면 상대방을 이기는 수도 있을 것이다. 그러나 그것은 헛된 승리라고 생각하라. 절대로 상대방의 호의는 바랄 수 없기 때문이다."

벤자민 프랭클린의 말이다.

문 12 절대적으로 인기를 얻는 비결은 무엇입니까?

 답 남에게 관심을 갖고 진심으로 대하는 것이다.

 해설 세상을 살아가다 보면, 우리는 모두가 리더이면서 동시에 부하 직원이라고 할 수 있다. 이쪽 조직에서는 내가 리더이지만, 다른 조직에 속해서는 아랫사람인 경우가 있을 수 있다. 반드시 직장생활이 아니더라도 사회의 단체나 동아리, 친목모임 등 우리는 수많은 커뮤니케이션 조직에 속해 있기 때문이다.

그러나 훌륭한 부하 직원이 되기는 쉬워도 훌륭한 리더가 되기는 어렵다. '훌륭한 부하 직원이 되는 법' 을 연구하는 사람은 없어도 '훌륭한 리더가 되는 법' , 즉 리더십을 연구하는 사람이 많은 것도 이 때문이다.

무릇 리더가 되려는 자는 다른 사람에게 따뜻한 관심을 가져야 한다는 점을 명심하라. 남의 일에 대해 전혀 관심을 갖지 않는 사람은 고난의 생애를 살아나갈 수밖에 없고, 남에게 커다란 실례를 하는 법이다. 인간의 온갖 실패는 그러한 인간들 사이에서 일어나게 마련이다.

진실한 친구를 얻고자 하면 먼저 그를 위해 힘써주어라. 남을 위해서 자기의 시간과 노력을 바치고, 사려 깊고 희생적으로 처신해야 한다.

만일 자기에게 얼마나 많은 사람이 관심을 가지고 있는가를 알려면 다음 물음에 대답해 보라.

"만일 내가 오늘 죽는다면 과연 몇 명이나 나의 장례식에 참가해 줄 것인가?"

그저 사람을 감동시켜 그의 관심을 환기시키려고 해서는 결코 참된 친구를 얻을 수 없다. 진실한 친구는 그러한 방법으로는 만들 수 없는 것이다.

나폴레옹은 아내 조세핀과 헤어질 때 이렇게 말했다.

"조세핀! 나는 세계 제일의 행운아야. 그러나 내가 진실로 신뢰할 수 있는 것은 당신 한 사람뿐이야."

그러한 역사가들은 이런 조세핀조차 그가 정말로 신뢰할 수 있는 사람이었던가 하는 여부는 영원히 의문이라고 말하고 있다.

인간에 대한 줄기찬 관심

루스벨트 대통령의 절대적인 인기의 비밀은 인간에 대한 줄

기찬 따뜻한 관심이었다.

집안 하인에 이르기까지 그를 흠모하지 않는 사람이 없었다. 그의 하인이었던 흑인 제임스 아모스는 '하인의 눈에 비친 영웅 테오도르 루스벨트' 란 제목으로 책까지 썼다. 그 책 속에 다음과 같은 이야기가 나온다.

"어느 날, 내 아내가 대통령에게 메추라기란 어떠한 새인가 하고 물어본 적이 있다. 아내는 메추라기를 본 적이 없었기 때문이다. 대통령께서는 메추라기란 이러이러한 새라는 점을 자세히 설명해 주었다. 그러고 나서 얼마 후 집으로 전화가 걸려왔다(이들 부부는 루스벨트 저택 안의 조그마한 집에 살고 있었다). 아내가 전화를 받아보니 그 전화는 대통령께서 친히 걸어 주신 것이었다. 지금 바로 아내의 방 창문 밖에 메추라기 한 마리가 와 앉아 있으니 창문으로 내다보면 보일 것이라는 말씀을 일부러 전화까지 걸어서 알려주신 것이다. 이것은 사소한 사건일지 몰라도 미루어 대통령의 인품을 잘 말해주고 있다. 대통령은 우리 살림방 곁을 지나치실 적마다, 우리들의 모습이 보이거나 보이지 않거나 반드시 '여보게, 제임스! 하고 다정한 인사말을 던져 주시곤 했다."

상대방을 내 뜻대로 움직이고 상대방을 사로잡고 싶다면 그 사람을 진심으로 인정해 주고 인간적인 애정을 가져라. 이것이 선결 문제이다.

문 13 사람들을 조직화할 수 있는 비결은 무엇입니까?

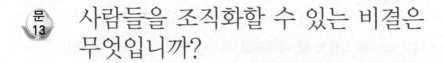

답 능력을 위주로 사람을 채용하고, 사람들의 다양한 재주와 능력을 살려서 극대화시키는 것이다.

해설 유명한 영화 〈대부〉를 통해 우리는 어떠한 매수에도 응하지 않는 FBI 요원과 갱, 요즘 말로 하면 마피아의 존재를 떠올리게 된다.

미국의 마피아는 지하에 있는 세계 제일의 초대기업이라 일컬어진다. 그들은 GM · GE · 포드 · IBM 등 미국의 대기업을 열 개쯤 모아놓은 것과 같은 엄청난 매상을 올리고 있으며, 더욱이 세금을 거의 물지 않으므로(물론 뇌물은 많이 나가겠지만), 그 벌이는 엄청난 것이라고 한다. 그 실력은 케네디 대통령의 암살에까지 미치고 있었다는 루머가 나올 정도로 가히 공포의 대상이었다.

마피아들은 어떻게 해서 이렇게 막대한 세력을 구축할 수 있는가. 그 원인의 하나는 마시고, 때리고, 산다(물건을)' 는 인간의 3대 본능에 호소하는 사업을 하고 있기 때문이라고 한다. 그 중

거로 세계 최악의 법률이라고 일컬어진 금주법이 실시되는 동안에도 마피아는 급격히 그 세력을 신장시켜 갔다는 것을 알 수 있다.

오염되지 않은 FBI가 아무리 맹활약을 해도 불가능했다. 아무리 단속을 강화해도 그들을 법 안으로 끌어들이는 데는 실효를 거둘 수가 없었다.

이 금주법禁酒法 시대에 일거에 마피아의 세력을 확대시킨 리더는 악명 높은 알 카포네였다. 작은 몸집에 보잘것없는 풍채를 하고 권총도 잘 쏘지 못했던 알 카포네가 암흑가의 왕자로 군림할 수 있었던 비밀은 과연 무엇이었던가. 그것은 그의 탁월한 리더십이었다. 카포네는 폭력을 조직화하고, 시스템화하는 데 성공했던 것이다.

코드 인사가 아닌 능력 위주로 뽑다

다른 갱의 두목들은 폭력이나 완력만을 휘둘렀지만, 카포네는 공무원의 매수, 전문가를 사용한 교묘한 탈세, 기술자를 고용한 술의 밀조, 팀워크에 의한 술의 밀수입 등의 조직화에 뛰어난 재능을 발휘했다. 그리고 자기 의도를 잘 따라주는 부하 직원을 육성하여 마피아의 근대화(?)에 성공했던 것이다.

이러한 조직화의 리더십은 성경에도 등장한다. 예수의 열두 제자가 그 실례이다. 예수의 제자는 어부, 의사, 세리 등 다양한 직업을 가진 사람들이었다.

예수는 이러한 다양한 사람들의 재능을 발견하고 조직화하여 지금까지도 우리에게 큰 영향을 끼치고 있는 것이다.

노무현 대통령은 '코드가 맞지 않는다' 는 말로 자신의 리더십에 실책이 있음을 만천하에 공개한 셈이 되었다. 조직에서 자신과 코드가 맞는 사람들하고만 일을 한다는 것은 거의 불가능하다는 여론이 불같이 일었었다.

어떤 회사에서건, 능률 위주의 사람을 채용했다면 그의 언행이나 태도까지, 미묘한 감정까지를 내 마음에 맞게 조정할 수는 없는 일이다.

그러므로 어느 정도 그 사람에게 나를 맞추고 양보하며 서로 공평한 인간관계를 유지해 나가는 기술을 알아야 한다.

이처럼 상대방이 어떤 분야의 사람이건 간에 당신의 뜻대로 움직일 수 있는 정도가 되어야 진정한 리더십의 소유자라 할 수 있다.

리더는 왜 고독합니까?

 자기 혼자만이 해결할 수 있는 문제가 많기 때문이다.

 비즈니스맨은 동료들과 책상을 나란히 하여 일을 하고, 공원들은 줄지어 있는 기계에 붙어 일하면서 휴식 시간이 오기를 기다리지만, 일단 관리직이 되면 사정은 달라진다.

그러다가 임원이나 사장이 되어 혼자 방을 지키게 되면 고독감은 한층 더해진다. 지위가 높아짐에 따라 고독이 심해지는 것은 위치만의 문제가 아니다.

리더란 그 일의 성질상 심리적으로 어느 정도 부하 직원과 떨어져 있지 않으면 안 될 숙명을 지닌 존재이다.

부하 직원과 동료로서 대등하게 사귀는 것도, 부하 직원으로부터 정직한 말을 듣는 것을 기대하는 것도 무리한 일이다.

부장이나 임원이 사원들과 마주앉아 그들이 하는 잡담에 뛰어드는 것은 무의미한 행동이며, 오히려 폐단이 따른다.

사원은 일하는 과정에서 상사로부터 받는 스트레스를 해소하기 위하여 때때로 상사의 험담을 하고 싶은 충동을 느끼는 법이다. 따라서 그들의 잡담에 뛰어드는 것은 이러한 레크리에이션을 방해하는 결과가 되는 것임을 알아야 한다.

뿐만 아니라 리더는 부하 직원과 상담해서는 안 될 문제, 혹은 자기만이 해결할 수 있는 문제에 부딪히는 경우가 적지 않다. 지위가 높아질수록 누구와 상담해도 무의미하며, 자기 혼자서 결단하지 않으면 안 될 일이 많아지는 것이다.

리더는 고독을 견뎌내지 않으면 안 된다.

"위대한 인물은 사람들과의 사이에 거리를 둔다. 권위는 위신 없이는 성립되지 않으며, 위신은 속세와의 거리 없이는 성립되지 않기 때문이다."

드골의 말이다.

부하 직원과의 일정한 간격은 필요하다. 그러나 거리가 너무 멀어도 곤란하다.

리더는 고독한 존재이다.

리더는 생각하는 것, 행동하는 것 모두 고독한 결단에 의하기 때문에 스스로 고독한 존재임을 각오하지 않으면 안 된다.

유명한 야구선수 출신으로 베테랑 감독이었던 S씨는 팀워크에 대해 다음과 같이 말하고 있다.

"팀워크를 좋게 하기 위하여 감독은 선수들과 마음의 교류가 없어서는 안 되지만, 선수들과의 사적인 사귐은 깊게 하지 않는 편이 좋다. 인간적인 애정은 오히려 상대방의 마음을 속박하여 활발하게 움직일 수 없게 만드는 경우가 많기 때문이다. 예컨대 그 전날 밤, 한잔 같이 하면서 의기투합했던 선수가 다음날의 시합에 에러를 범하면 서로가 난처해지지 않겠는가. 인간이란 본래 고독해야 할 존재다."

그래서 그는 야구장에 오갈 때도 결코 선수들과 같은 차에 타지 않으며, 코치에게도 동승을 허락하지 않는다고 한다.

위와 같은 이유 이외에도, 시합에 졌을 때는 선수들 누구나 감독을 욕하면서 마음껏 떠들게 하는 것이 다음 시합의 기분전환을 위해 필요하다고 생각하기 때문에 그는 선수들과 함께 차를 타는 것을 꺼린다고 한다.

가끔은 '야자 타임'을 하면서 서로간의 흉금을 털어놓을 수 있는 분위기를 조성해 주는 것도 훌륭한 리더십의 발로이다.

기업의 리더 CEO에게 일반 리더가 갖지 않은 무엇이 필요한 것입니까?

 사원들을 이끌 수 있는 통솔력이 필요하다.

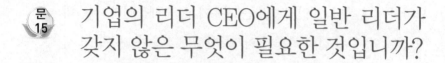 "1985년 이후 개혁과 정보의 시대에서 각 기업이 도전해야 할 것은 근로자들의 재훈련이 아니라, 관리자들을 재훈련시키는 것이다."

미래학자 존 네이스빗의 말이다.

한 조직에 속한 구성원들이 효율적인 능력을 발휘하기 위해서는 먼저 리더의 자질이 제대로 갖추어져 있어야 한다는 말이다.

정치적으로 역사를 주도한 인물들이나 경제적인 부흥을 일구어낸 주역들, 사회변혁을 이끈 지도자들은 하나같이 리더의 자질에서 우수한 사람들이었다. 모든 일을 그들 혼자 만들어 낸 것이 아니라, 아랫사람을 효율적으로 이끄는 능력이 탁월했기 때문에 커다란 대의를 위해 합심하여 나아갈 수 있었던 것이다.

우리나라 상법상으로 볼 때 주식회사는 사장인 대표이사에 대하여 그렇게 가혹한 중책을 짐 지우고 있지 않다.

여기서 주식회사 성립의 경과를 대강 훑어보자.

우선 이익이 될 만한 사업이 있다고 판단한 사람들이 주식을 발행하여 자금을 모으고 주식회사를 설립한다.

주주들이 모여 임원 및 사장을 선임한다. 그리고 사장은 경영을 담당하고, 사원을 모아 통솔하면서 이익을 올린다.

따라서 사장은 경영할 자신이 없으면 사임하면 되고, 사원이 필요 없게 되면 해고하고, 약속한 임금을 지급할 수 없게 되었을 때는 계약을 고치고, 여기에 불만인 자는 그만두게 하고, 그래도 있겠다는 사람만 남아 일하게 하면 된다.

사원이 부족하면 조건을 제시하고 또 채용한다. 사원 또한 희망하는 임금을 준다고 하면 취직하고, 이미 근무하고 있는 자라도 더 좋은 직장이 있으면 그곳으로 가버리면 된다.

그러나 이러한 상법적 상황과 실제와는 커다란 차이가 있다. 회사의 사장은 회사를 존속시키고, 사원의 생활을 책임져야 하며, 혹시라도 도산해서 사회에 누를 끼치지 않아야 한다는, 지상 명령이라고 해야 할 중책을 짊어지고 있다.

비장한 결단이 필요하다.

특히 사원들에게 있어 회사는 생활의 근거 아닌가. 만약 그 근거가 흔들린다면 사원들은 불안에 떨어야 하고, 더 악화된다면 실업자가 쏟아져 나올 것이다. 이러한 사태가 발생할 경우에는 경영자는 눈물을 머금고 비장한 결단을 내리지 않을 수 없다.

즉, 사장은 때에 따라서는 인기 없는 언동도 강행해야 하고, 일하기 싫어하는 사원에게도 일을 강제적으로라도 요구해야 한다. 설령 다수결에 의한 사원들의 전체 의견을 존중하여 '여러분이 원하시는 대로…' 하는 태도와 같은 무책임한 일이 있어서는 안 된다.

이 점에서 사장은 컨설턴트나 학자와는 다른 독자적인 통솔의 철학을 가지고 있어야 한다.

이러한 각오를 가진 사장이나 리더는 엄숙한 통솔자이며, 부하 직원의 총의에 의해서만 행동하려는 단순한 리더가 아님을 알아야 한다.

이는 비단 사장만이 아니다. 오케스트라의 지휘자도 마찬가지다. 지휘자는 우아한 모습을 하고 있지만, 그의 지휘봉에 의한 명령에 대해서는 어떠한 위반도 용납되지 않는다.

만약 그의 명령에 따르지 않고 전체의 리듬이나 하모니·멜로디를 어지럽히는 자가 있다면 바로 그 자리에서 퇴장을 명령할 것임에 틀림이 없다.

문 16 일의 성과를 올리기 위해서 어떤 방법이있습니까?

 답 여러 가지가 있을 수 있으나 불필요한 것들을 잘라 내는 거싱다.

 해설 "대부분의 리더는 호기심이 강한 편이며, 자기성찰을 통해 능력을 계발한다. 독서를 즐기고, 광범위한 분야와 사람들로부터 정보를 습득하는 천부적 재질이 있는 반면, 다른 일부는 평생에 걸쳐 어린이 같은 시각으로 세상을 바라본다."

미국 하버드대 교육심리학 교수이자 보스턴 의대의 신경학 교수이기도 한 하워드 가드너의 말이다.

현재 활약하고 있는 경영자 가운데에도 한때는 실의에 빠진 경험을 가진 사람이 많다. 좌절과 실의의 시절을 경험하지 않고 성공을 거두는 사람은 없다고 해도 과언이 아니다.

이런 힘겹고 어려운 시절을 견디고 이겨내기 위해 취미를 갖는 것은 좋은 방법이다. 그리고 취미의 체험은 자기의 인생 경영에 여러 가지로 활용할 수 있는 지혜를 가르쳐 준다.

좋은 장미꽃을 피우게 하기 위해서는 매일같이 가지를 잘라

주어야 한다. 시든 꽃의 줄기를 따고, 쓸데없는 가지를 치고, 해 받이나 바람받이를 잘해 주어야 한다.

회사의 일도 마찬가지다. 불필요한 일이나, 성과가 없는 일이 늘면 누구나 그저 바빠질 뿐이다. 일의 성과를 올리고 인력의 손실을 막기 위해서는 일의 능률을 올리는 것보다는 불필요한 일을 잘라내는 것이 중요하다고 할 수 있다.

장미를 재배할 때 하나의 교훈이 있다. 장미 재배의 취미가 발전하면 차례차례로 새로운 품종에 욕심이 난다.

그래서 어느새 좁은 마당에 너무 많은 장미를 심고 만다. 그 때문에 장미는 양분의 공급이 불충분하여 바람받이도 나빠지고, 벌레도 많이 끓게 된다.

그리하여 조금만 관리를 소홀히 하면 장미는 전멸하고 마는 것이다.

낡은 제품을 하나씩 없앤다

회사의 경영에 대해서도 이와 같은 교훈이 해당된다.

드문 일이지만, 회사에 따라서는 신제품의 개발에 힘쓴 나머지 타이밍을 생각하지 않고 계속해서 신제품을 내놓은 결과, 생산비용이 높아져 적자 제품이 나오고, 회사 전체의 이익을 저하시키게 된다.

바람직한 방법은, 하나의 신제품을 내놓으려면 낡은 제품 가운데서 하나를 버리지 않으면 안 된다. 다양화된 제품의 품종을 항상 정리하여 자기 회사의 체질에 맞는 제품의 생산과 판매에 모든 에너지를 집중하는 집중주의 원칙이 필요하다.

또 바둑의 경우, 흔히 국부전에 사로잡혀 전체의 대국을 잊어버리는 맹점을 지니게 될 수가 있다.

회사 경영자나 리더 가운데에도 나무만을 보고 숲 전체를 보지 못하는 사람들이 많다. 국부에 사로잡혀 전체를 보지 못하는 것이다.

이러한 경영자의 맹점은 빠른 속도로 변화되는 사회환경에 기업 전체를 적응시킨다고 하는 전략적 결정의 기회를 놓치고 마는 결과를 낳는다.

그 결과, 각자가 일상적이고 국부적인 일에 상당히 열성적인데도 불구하고 회사는 쇠퇴하게 된다. 개인의 입장을 보더라도 회사 안에서 나무만을 보고 숲을 보지 못하게 되면 그 사람의 성장은 정지되어 버린다.

일상적이고 국부적인 일밖에 보지 못하게 되어 회사 안팎의 환경 변화에 대한 통찰력이나 회사 전체의 동향이나 장래에 대한 비전을 갖지 못하게 되면 그 사람의 성장은 기대할 수가 없다.

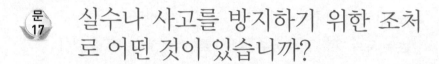

문 17 실수나 사고를 방지하기 위한 조처로 어떤 것이 있습니까?

답 먼저, 치밀한 계획을 세운다. 둘째로, 모든 장애 요인에 대비한다. 셋째, 보고 제도를 합리화한다. 넷째, 현재의 방법에서 생기는 결함을 개선한다. 다섯째, 의사소통을 꾀한다.

해설 한국을 부흥시킨 고 정주영씨가 울산 조선소를 건설할 당시 현대그룹의 울산 조선소 건설은 이웃에 일본이 존재하는 한 어림없는 사업이라는 우려를 깨고 '부정 속에 긍정을 창조한 투지의 개척' 이었다는 평가를 받았다.

그곳에 가보면 그렇게도 높은 장소에 발판을 만들어 놓고, 칠을 하거나 기재를 붙이는 작업을 하고 있다.

작업자에게는 반드시 안전 밧줄이 연결되어 있고, 더욱이 발판 밑에는 서커스의 공중 그네에서 쓰는 것 같은 그물이 처져 있다.

높은 데서 떨어진다는 위험에 대해서 2중, 3중의 예방조치가 강구되어 있는 것이다.

만약 이러한 추락의 위험에 대해 완전한 예방조치가 강구되어 있지 않다면 어떻게 될 것인가.

실수나 위험은 모든 사람의 사기를 낮추고, 모두의 일할 기분을 망쳐놓는다. 그뿐이 아니다. 직장의 생산성을 낮추어 다른 직장에도 혼란을 일으킨다. 생산 전체의 원활한 흐름을 방해하는 것이다.

실수나 사고는 어디에나 존재한다

그래서 실수나 위험의 발생에 대하여 어떻게 대처하느냐 하는 것보다는 오히려 실수나 위험에 대해서 완전한 예방조치를 강구하는 데 리더십의 비결이 있다.

실수나 사고를 가장 적게 하기 위해서는 다음과 같은 예방조치가 필요하다.

먼저, 치밀한 계획을 세운다.

사람이 빨리 뛰지 않아서 기차 출발시간에 늦는 것이 아니다. 출발이 늦었기 때문에 기차를 놓치고 마는 것이다.

약속시간에 쫓겨 택시 운전사에게 좀더 빨리 차를 몰 수 없느냐고 독촉한 기억은 한 번쯤 누구에게나 있을 것이다. 그러나 시내의 경우 '빨라야 3분' 이라고 한다. 과속으로 몰아 보아야 위험만 커질 뿐 겨우 3분 먼저 도착한다는 이야기다.

계획 또한 사전에 모든 요소를 고려하여 치밀하게 짜야만 한다.

둘째로, 모든 장애 요인에 대비한다.

어렵더라도 계획을 수행하는 과정에서 생기는 모든 장애 요인을 고려하여 만일 그러한 사태가 일어날 경우에는 어떠한 조치를 강구해야 하는가에 대해서 미리 준비를 해둘 필요가 있다.

셋째, 보고 제도를 합리화한다.

보고는 신속하고 또 중요한 문제만을 단도직입적으로 전달하도록 해야 한다. 지나치게 복잡한 보고 체계를 개선할 필요가 있다.

넷째, 현재의 방법에서 생기는 결함을 개선한다.

현재의 방침이나 조직·절차 또는 작업 등에 결함이 있는지 없는지를 확인하여, 이것을 개선해 나갈 필요가 있다.

다섯째, 의사소통을 꾀한다.

방침 계획, 진행 관리, 작업 방법 등에 대해서 상하 간에 원활한 의사소통이 되도록 해야 한다. 진행 관리 등에 대해서 직원이 참여하여 자신들의 의견을 말하고, 질문을 할 수 있는 기회를 줄 필요가 있다. 각 작업 그룹에서 완전한 의사소통이 이루어지는 것이 실수나 트러블을 예방하는 효과를 가져오는 첩경이다.

새로운 리러십의 패턴은 어떤 패턴 입니까?

 답

인간존중의 리더십으로 그 내용은 다음과 같으며 해설에서 설명하고 자 한다..

 해설

현대는 창조의 시대이다. 사람들의 의식이 변해가는데, 리더 십만 과거의 리더십으로 지도한다면 더 이상 발전을 기대할 수 없을 것이다.

사기가 낮은 직원 집단과 만나 그들의 이야기를 들어보면 대개 다음과 같은 의견이 나온다.

- 팀장은 무엇인가 잘못된 일이 생기면 팀원 전부에게 책임을 전가하려 한다.
- 모두가 힘을 합해 그룹의 목표를 달성하려 하거나 서로 도우려하는 분위기가 아니다.
- 우리들의 상담에 잘 응해주지 않는다.
- 제안을 해도 받아들여지지 않는다.
- 좋은 직장이라고 생각하지 않는다.
- 할 수만 있다면 다른 직장으로 옮기고 싶다.

이번에는 그러한 직장의 팀장 리더십의 패턴을 분석해 보면 대개 다음과 같다.

- 팀장은 안정성만을 강조하면서 부하 직원을 들볶는다.
- 일의 목표는 위에서 일방적으로 결정되고 있다.
- 한 달에 한 번 열리는 직장 간담회는 10분 만에 끝나버린다.
- 직원들로부터의 제안은 거의 없다.
- 직원의 상담을 받아주는 일도 거의 없다.
- 직원에게 말을 거는 것 같은 인간적 접촉이 없다.
- 직장 밖에서의 레크리에이션 활동도 하지 않는다.

이런 팀장의 리더십은 모두에게 상처를 주지 않겠다고 하는 인간 존중을 모토로 하고 있을지 모른다.

확실히 인간 존중이란 모든 형태의 리더십의 기초가 되어야 한다. 그러나 인간 존중을 모토로 하지만, 관리 부재의 직장에서는 리더십도 그 기능을 다할 수 없게 된다. 그러므로 관리자는 다음과 같은 리더십의 패턴을 익혀 이를 실천해 나가야 한다.

익혀야할 리더십의 패턴

첫째, 집단 관리의 방식을 취하라.

지금까지 개인 대 개인의 관리는 문제가 생기면 개인적으로 주의를 준다는 방식이었다. 그러나 집단 관리 방식에서는 무슨 문제가 생겼을 경우, 이를 개인 문제로 다루지 않고 집단 문제로 다루어 그 원인이나 대책에 대해 그룹 토의를 한다.

각자가 하는 일을 관리자 한 사람이 관리하는 것이 아니라, 그룹이 관리한다는 방식을 취하는 것이다.

둘째, 상호 지지의 원칙을 지켜라.

지금까지는 관리자가 일방적으로 명령하고, 그 명령을 실행시키는 방식을 취해 왔다. 그러나 새로운 리더십의 패턴에 있어서는 관리자는 멤버와 인간적인 접촉을 꾀하고, 상황이나 방침을 잘 설명하며, 리더는 부하 직원을 돕고, 부하 직원은 리더를 돕는다는 상호 지지의 원칙이 확립되어야 한다.

셋째, 참가 원칙을 세워라.

직원은 상부에서 내려진 일방적인 명령에 따라 움직이는 것이 아니라, 작업의 목표, 방법의 변경, 업적의 검토 등에 적극적으로 참가하는 방법이다.

문 19 인간관계에서 능력의 최대 관건은
무엇입니까?

답 상대방의 입장을 바꾸어 생각해 보라는 것이다. 이것은 모든 문제점을
해결해 주는 최고의 기술이 될 것이다.

해설 미국의 자동차 왕 헨리 포드는 인간관계의 비결에 관하여 다
음과 같이 말한 바 있다.

"성공에 비결이라는 것이 있다면 그것은 남의 입장을 이해하
고, 자기 입장과 동시에 남의 입장에서 사물을 볼 줄 아는 능력
일 것이다."

이러한 예로 에머슨 부자父子의 이야기가 있다.

이들은 송아지 한 마리를 외양간에 넣으려 했다. 그런데 에머
슨 부자는 흔히 누구나가 범하는 잘못을 저지르고 있었다.

그들은 자기들이 원하는 것만을 생각한 것이다. 아들은 송아
지를 앞에서 잡아끌고, 아버지는 뒤에서 밀었다.

송아지 또한 에머슨 부자와 마찬가지로 자기가 원하는 것만
을 생각하여 네 다리를 뻗고 꼼짝도 하지 않았다. 이를 보다 못
해 아일랜드 태생의 하녀가 거들려고 쫓아왔다.

그녀는 학위가 있다거나 책을 저술할 지식은 없었지만, 적어도 이 경우에 한해서만은 에머슨보다 훌륭한 상식을 지니고 있었던 것이다.

그래서 먼저 송아지가 무엇을 원하고 있는가를 알아내려 했다. 그녀는 자기의 손가락을 송아지 입에 물리고, 그것을 빨리면서 송아지를 달래어 외양간 안으로 끌어들였다. 한낱 송아지가 이러한데, 만물의 영장이라고 하는 인간은 오죽하겠는가.

인간의 모든 행동은 마음속 욕구로부터 생겨난다. 따라서 사람을 움직이는 최선의 방법은 먼저 상대방 마음속에 강한 욕구를 불러일으키는 것이다.

비즈니스에 있어서나 가정 또는 학교에 있어서나 정치에 있어서나 무릇 사람을 움직이려고 하는 자는 이 사실을 명확히 인식해야 한다.

이를 할 수 있는 사람은 만인의 지지를 얻는 데 성공할 것이며, 그렇지 못한 사람은 한 사람의 지지도 얻지 못할 것이다.

오늘도 수많은 세일즈맨들이 제대로 수입을 올리지 못하고 실망한 채 피곤한 몸을 이끌고 거리를 헤맨다.

실패자들은 자기들이 원하는 것만 생각한다

성공하지 못하는 세일즈맨들의 원인은 자신들의 원하는 것밖에 생각할 줄 모르기 때문이다. 소비자가 사고 싶은 물건이 무엇인지는 고려하지 못하고, 자신의 상품을 억지로 인식시키려 하는 자세가 문제다.

사람들은 누구나 자기 문제를 해결하는 데 가장 큰 관심을 가지고 있다. 아니, 자기 문제로 머리가 꽉 차 다른 사람에게는 아무리 절실한 문제라 하더라도 미처 그것을 생각할 만한 마음의 여유가 없다고 하는 편이 옳다.

따라서 고객 입장에서는, 자기 문제가 해결되고 자신에게 도움이 된다는 것을 판매원이 증명해 준다면 굳이 사지 말라고 해도 이쪽에서 자진해서 사게 된다.

그러므로 세일즈맨이라면 상대방의 입장으로 바꾸어 생각하여, 이 물건이 왜 저 사람에게 필요한가, 나라면 이 물건을 구매하겠는가 하는 점들을 충분히 고려한 후, 상대방을 설득시키는 것이 세일즈의 원칙이다.

"만일 내가 상대방이라면 어떻게 느끼고 어떻게 반응할 것인가?"라고 늘 자문자답해 보는 자세가 필요하다.

인간관계 능력의 최대 관건은 상대방의 입장을 바꾸어 생각해 보라는 것이다. 이것은 모든 문제점을 해결해 주는 최고의 기술이 될 것이다.

좋은 인상을 주기 위해서는 어떻게
해야 합니까?

 답

자기감정이나 상태를 조절할 수 있는 능력을 길러야 한다.

 해설

중국 격언에 이런 말이 있다.

"웃음 띤 얼굴을 하지 못하는 자는 장사꾼이 될 자격이 없다."

그러나 웃음 띤 얼굴이 중요하다는 것은 비단 장사꾼에만 해당될 수가 없다. 어떠한 일을 하는 데 있어서 좋은 인상을 준다는 것은 성공의 절대 조건이기 때문이다.

바로 이것이 상대방의 마음을 움직인다. 브라질 태생의 유명한 영화배우 모리스 슈발리에의 평상시 모습을 본 사람이면 무척 실망했을 것이다. 왜냐하면 그는 영화 밖에서는 매우 무뚝뚝하고, 별로 말이 없다. 그러나 그런 그가 미소를 짓기만 하면, 그때까지의 인상과는 완전히 달라진다.

만일 그에게 그렇게 매력적인 기막힌 미소가 없었더라면, 모리스 슈발리에는 아마도 파리의 뒷골목에서 자기 아버지 가업을 이어 가구 직공 노릇이나 했을지도 모른다.

우리나라 배우 가운데도 '살인 미소' 라고 하여 수많은 팬들이 쓰러지는 매력 포인트로 개성을 내뿜는 사람들이 적지 않은데, 그 중의 한사람으로 안젤리나졸리를 꼽을 수 있다. 그들에게 만일 그 미소가 없었더라면 어떻게 되었을지 상상해 보라.

사실 표정이나 동작은 말보다 훨씬 더 웅변적이다. 그리고 미소는 상대방에게 이렇게 전하는 것과 같다.

"나는 당신을 좋아합니다. 당신 덕분으로 나는 참 즐겁습니다. 당신을 만나면 아주 반가워요."

웃는 얼굴이 되지 않을 때는 어떻게 하면 되는가. 혼자 거울 앞에서 웃는 연습이라도 하라. 혼자 있을 때는 휘파람을 불어보거나 콧노래를 불러보거나 하라. 행복해서 어쩔 줄 모르겠다는 듯이 행동해 보는 것이 중요하다.

그러면 신기하게도 정말 행복한 기분이 된다. 동작은 감정에 따라 일어나는 것처럼 보이지만, 사실은 동작과 감정은 병행하는 것이기 때문이다.

동작에 의해서 조절되는 감정

동작은 의지에 의해 직접 통제할 수가 있지만, 감정은 그렇지 않다. 그런데 감정은 동작을 조정함으로써 간접적으로 이를 조정할 수 있다.

따라서 쾌활함을 잃었을 때, 그것을 회복하는 최선의 방법은 일부러라도 쾌활한 체 행동하고, 쾌활하게 이야기하는 것일 수 있다.

이 세상 사람 누구나가 성공과 행복을 추구하고 있다. 그렇다면 행복을 얻을 수 있는 방법은 무엇인가. 그것은 의외로 간단하다, 바로 자기의 기분을 마음대로 조절할 수 있는 힘을 기르면 된다.

행복이란 외적인 조건에 의하여 얻어지는 것이 아니라 자기의 마음가짐 여하에 따라서 얻을 수도 있고, 손에서 놓칠 수도 있는 것이다. 행복과 불행은 재산이나 지위 혹은 직업 등으로 결정되는 것이 아니라, 그것은 단지 부차적인 것일 뿐이다.

무엇을 행복이라고 생각하고, 무엇을 불행이라고 생각하는가 하는 기준이 당신의 행복과 불행을 가르는 분기점이 된다.

예를 들어 같은 곳에서 같은 일에 종사하는 두 사람이 있다고 하자. 이 두 사람은 비슷한 재산과 지위를 가졌음에도 불구하고 한 사람은 행복한 반면, 한 사람은 불행한 경우가 많다.

그것은 바로 마음가짐이 다르기 때문이다.

"인간에게 행복과 불행이란 없다. 다만 있는 것은 어떤 상태와 어떤 상태의 비교뿐이다."

톨스토이의 말이다. 사물에는 본래 좋고 나쁨이 없으며, 오직 사고방식에 따라 좋고 나쁜 것으로 보일 뿐이다.

이기는 리더의 조건

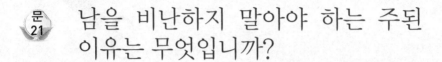

문 21 **남을 비난하지 말아야 하는 주된 이유는 무엇입니까?**

답 다른 사람을 비난한다는 것은 위험한 불꽃을 던지는 셈이다. 그 불꽃은 자존심이라는 화약고의 폭발을 유발하기 쉬운 것이기 때문이다.

해설 일반적으로 사람을 논리의 동물이라고 생각해서는 안 된다. 사람은 감정의 동물이며, 편견에 가득 차 있고, 당치도 않은 욕심을 부릴 뿐만 아니라 자존심과 허영에 따라 행동한다는 것도 알아두어야 한다.

따라서 다른 사람을 비난한다는 것은 위험한 불꽃을 던지는 셈이다. 그 불꽃은 자존심이라는 화약고의 폭발을 유발하기 쉬운 것이기 때문이다.

"30년 전에 나는 남을 비난한다는 것이 얼마나 어리석은 일인가를 깨달았다. 내 스스로의 어리석음도 감당해내지 못하면서 내 어찌 하나님이 만인에게 평등한 지능을 부여하지 않았다는 것에 화를 낼 수 있을 것인가!"

지난날을 더듬어 이렇게 외친 사람은 바로 미국의 위대한 실업가 존 워너메이커였다.

남의 흠집을 잡는다는 것은 아무 소용도 없는 일이다. 흠 잡히는 사람은 곧 방어태세를 갖추고, 어떻게 해서든지 자기를 정당화하려 할 뿐만 아니라, 자존심의 상처를 입은 상대방은 더욱 반항심을 갖게 될 것이다.

자존심의 상처는 반항을 부추긴다.

일찍이 독일 군대에서는 아무리 불만스런 일이 생겼다 하더라도 그 자리에서 대뜸 불평을 토로하거나 비판하는 것을 허용하지 않았다. 화가 치밀지만 하룻밤을 자고 나면 마음이 가라앉게 마련이라는 생각 때문이다.

이러한 원칙은 당연히 일반 사회에서도 적용되어야 한다. 바가지만 긁어대는 아내, 잔소리가 심한 부모, 종업원을 들볶는 주인, 부하 직원들을 못살게 구는 상사, 입만 벌리면 남을 헐뜯는 사람, 그 밖에 남의 흠만 잡으려 드는 모든 사람들은 이 점을 생각해 보아야 한다.

1864년 4월 15일, 토요일 아침, 포드 극장에서 괴한의 흉탄에 맞고 쓰러진 링컨은 그 극장 바로 건너편 어느 싸구려 하숙집 침대에 누워서 죽음을 기다리고 있었다. 이 서글픈 정경을 지켜보고 있던 스탠튼 육군장관은 이렇게 중얼거렸다.

"여기 누워 있는 분처럼 인간의 마음을 완전히 사로잡을 수 있었던 사람은 이 세상에 다시는 없을 것이다."

이러한 칭송을 들을 만큼 사람을 잘 다루었던 링컨의 비결은 과연 무엇이었던가.

링컨은 사람을 비난하는 일에 과연 전혀 흥미가 없었던가. 그러한 것은 아니다. 링컨도 인간이다.

그가 아직 젊었을 때는 남의 흉을 잘 찾아냈을 뿐만 아니라, 상대방을 비웃는 시나 편지를 써서 남의 눈에 띄게 했고, 신문에 기고했다가 결투 신청을 받기도 했다.

이러한 체험을 통해 그는 어떠한 일이 있어도 남을 비난해서는 안 된다는 귀중한 교훈을 깨달았던 것이다. 그래서 이후 그는 두 번 다시 다른 사람을 비난하는 일을 하지 않았다.

그랬기에 마침내 그는 누구에게나 칭송받는 위대한 지도자가 될 수 있었던 것이다.

성서에서는 '비난받지 않으려거든 남을 비난하지 말라' 는 말이 있다. 그러므로 평소 상대방은 나의 거울이라고 생각하는 자세가 필요하다.

상대방이 원치 않는 일을 한다면 머지않아 당신에게도 그와 똑같은 일이 생긴다는 것이 바로 인생의 공평한 원리이다.

어떻게 하는 것이 상대방에게 귀를 기울이는 것입니까?

답

이야기를 하는 동안 상대방이 자신의 이야기를 하도록 맞장구를 쳐주는 것이다.

해설

남북 전쟁이 한창일 때, 링컨은 고향인 스프링필드에 있는 옛 친구에게 편지를 보내 워싱턴에 오도록 요청했다. 링컨은 중요한 문제에 대하여 그와 토론하고자 했다.

그 친구가 백악관을 방문했을 때, 링컨은 몇 시간 동안이나 줄곧 노예해방 선언을 발표하는 것이 얼마나 효과적인 것인가를 그에게 이야기했다.

링컨은 그 방침에 대한 의견을 말하고 나서, 이번에는 각종 투서와 신문 기사를 읽어주었다.

어떤 사람은 노예 해방에 반대하고, 어떤 사람은 찬성하고, 또 어떤 사람은 찬성도 반대도 아닌 어정쩡한 태도를 취하고 있다는 내용이었다.

이렇게 몇 시간은 이야기한 뒤 링컨은 그 친구와 작별 인사를 나누고는 그의 의견은 한 마디도 듣지 않고 돌려보냈다. 이렇게 링컨은 처음부터 끝까지 자기 할 말만 하였다.

이렇게 함으로써 그의 마음은 후련해졌을 것이다. 물론 링컨은 처음부터 상대방의 의견을 바랐던 것이 아니다. 다만 그는 그의 마음의 부담을 덜어줄 만한 친근하고 동정적인 경청자가 필요했던 것이다.

마음에 고민이 있을 때는 누구나 그러하다. 링컨과 같은 위대한 인물도 그러한데, 보통 사람들이야 더 말할 것도 없으리라.

흔히 화를 내고 있는 고객, 불만을 품고 있는 직원, 상심한 친구 등 모두가 마음속으로는 좋은 경청자를 바라고 있는 것이다.

상담 성공의 비결, 경청

세상에는 자기 말을 들어주기를 바라는 마음에서 의사를 원하는 환자가 의외로 많다. 상담 성공의 비결에 대하여 어떤 실업가는 이렇게 말하고 있다.

"상담의 성공에는 별다른 비결이 없다. 다만 상대방 말에 귀를 기울이는 것이 가장 중요하다. 이보다 더 효과적인 방법은 없을 것이다."

옳은 말이다. 상대방의 말을 경청하며, 여기에서 정보를 얻어 효과적으로 사용해야 한다는 사실은 누구나가 알고 있을 것이다.

그런데도 비싼 집세를 물고 점포를 빌려서 상품을 들여놓고,

사람들의 눈을 끌기 위해 화려한 진열장을 꾸며놓을 뿐만 아니라, 광고에 많은 비용을 쓰면서도, 정작 상담을 마무리 짓는 직원은 상대방 말을 귀담아듣는 사람을 고용하지 않아, 결국 실패를 보는 사업주가 많다.

고객이 하던 말을 중단하게 하고, 고객의 말에 반항하여 성나게 하는 등, 마침내는 한 사람도 그 가게에 발을 들여놓지 않게 만드는 직원을 태연하게 고용하고 있는 것이다.

세상에는 상대방 이야기를 절대로 오래 들으려 하지 않고, 처음부터 끝까지 자기 말만 해대는 사람이 의외로 많다. 더욱 놀라운 것은 저명인사 중에도 그러한 사람이 적지 않다는 사실이다.

그러한 부류의 사람은 지루하기 짝이 없다. 자아에 도취되어 자기만이 잘나고, 자기 말만 옳다고 생각하고 있는 태도는 상대방에게 거부감만 줄 뿐이다.

무릇 사람 위에 서서 남을 리드해야 할 자는 무엇보다도 먼저 좋은 경청자가 되어야 한다. 상대방이 자꾸만 자신의 이야기를 하고 싶도록 맞장구를 쳐줄 수 있어야 하며, 인내심을 가지고 느긋하게 상대방 이야기를 들어주어야 한다.

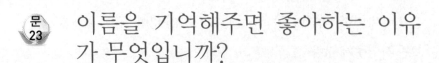

문 23 이름을 기억해주면 좋아하는 이유가 무엇입니까?

답 이름을 기억한다는 것은 곧 자신에게 관심을 가지고 있다는 표시이기 때문이다.

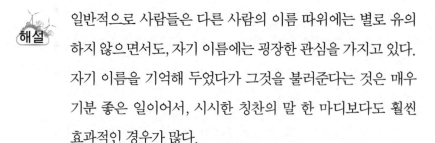

해설 일반적으로 사람들은 다른 사람의 이름 따위에는 별로 유의하지 않으면서도, 자기 이름에는 굉장한 관심을 가지고 있다. 자기 이름을 기억해 두었다가 그것을 불러준다는 것은 매우 기분 좋은 일이어서, 시시한 칭찬의 말 한 마디보다도 훨씬 효과적인 경우가 많다.

이와 반대로 상대방의 이름을 잊어버리거나 잘못 쓰거나 하면 대단한 실례가 된다.

이름이란 본인에게 있어서는 가장 반갑고, 또 가장 큰 영향력을 갖는 것이라는 점을 잊어서는 안 된다.

미국의 강철 왕 앤드류 카네기의 성공 비결은 이름과 관련이 깊다.

카네기는 강철 왕이라고 불리고 있지만, 본인은 강철에 관해서는 별로 아는 바가 없었다. 그의 성공 비결은 오로지, 그는 강철인 자신보다 몇 갑절 더 강철에 관해 잘 알고 있는 수백 명의 기술자를 고용하고 있었다는 점이다.

그는 사람을 부릴 줄 알고 있었던 것이다. 바로 이 능력이 그를 대부호로 만들었다.

실제로 카네기는 어렸을 적부터 다른 훌륭한 재능도 있었겠지만, 사람들을 조직화하고 통솔하는 데 특별한 재능을 보였다고 한다.

열 살 때부터 사람은 자기 이름에 대해 비상한 관심을 갖는다는 것을 알고 있었고, 여기서 남의 협력을 얻는 데 비상한 재능을 발휘한 것이다.

그가 스코틀랜드에 있던 소년 시절의 이야기인데, 어느 날 그는 토끼 한 마리를 잡았다. 그 토끼는 새끼를 배고 있었고, 이윽고 새끼를 낳게 되자 토끼우리는 새끼들로 가득 차게 되었다.

그러자 먹이가 부족했다. 그때 그에게 훌륭한 아이디어가 떠올랐다. 동네 아이들에게, 토끼에게 줄 풀을 많이 뜯어온 아이의 이름을 어린 토끼에게 붙여주겠다고 약속한 것이다.

이 계획은 멋지게 들어맞았다.

카네기는 장성한 다음에도 그때의 일을 결코 잊지 않고, 그 경험을 활용하였다.

자기이름에 대해서 애착을 갖는다

대부분의 사람들은 자기 이름에 대해서는 지극한 애착을 가지면서도, 상대방의 이름은 그다지 잘 기억하고 있지 않다. 바빠서 그럴 틈이 없다는 것이 주된 이유다.

그러나 그는 처음 본 사람의 이름을 얼굴과 함께 암기하는 것을 잊지 않았다. 그래서 다음에 만나면 꼭 그의 이름을 정확하게 불러준다.

이렇게 되면 상대방은 '어! 이 사람이 나를 기억하고 있네!' 하면서 기쁨 반 놀람 반으로 다시 한 번 쳐다보게 된다. 이것이 다른 사람의 심리를 묘하게 자극하는 것이다.

이름을 기억하기로 대표적인 사람은 또 제2차 세계대전을 미국의 승리로 이끈 프랭클린 루스벨트이다.

루스벨트가 사람들의 호감을 사는 간단하고 평범하면서도 중요한 방법은 상대방 이름을 기억하고, 그에게 자신에 대한 중요감을 갖게 하는 것이었다.

루스벨트 대통령은 이렇게 말한다.

"반드시 선거인의 이름을 기억해 두어야 한다. 그것을 잊어버린다는 것은 곧 자신이 유권자들에게서 망각되어 버린다는 것을 의미하는 것이다."

이것은 정치가가 배워두어야 할 첫 번째 조항이지만, 어찌 정치가뿐이겠는가. 사람을 움직이고 사람을 지도하려는 자는 이 철칙을 반드시 기억해야 한다.

경쟁의식에 호소한다는 것은 무엇을 의미합니까?

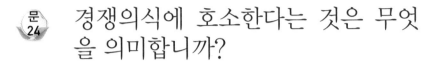

답 다른 사람들보다 우위에 서 보겠다는 욕구, 대항 의식, 지지 않으려고 안간힘을 다하는 끈기, 사나이의 영웅심에 호소하는 방법을 말한다.

해설 강철 왕 앤드류 카네기로부터 연봉 100만 달러를 받았던 사람으로서, 사람을 다루는 재능에 있어 오늘날까지 모든 사람의 귀감이 되고 있는 찰스 슈와프의 이야기이다.

그가 담당하고 있는 공장 중에 업적이 오르지 않는 공장이 있었다. 그는 공장장을 불러 물었다.

"자네는 유능한 사람이라 생각하고 있는데, 좀처럼 성적이 오르지 않는군. 웬일이지?"

"저도 그것을 모르겠습니다. 달래 보기도 하고, 위협해 보기도 하고, 억눌러 보기도 하고, 모든 수단을 다 써보았지만 공원들이 좀처럼 열심히 일해주지 않습니다."

"자네 팀은 오늘 몇 번 주물을 부었지?"

"네, 여섯 번입니다."

슈와프는 아무 대꾸도 하지 않고 마루에다 '6' 자를 써놓고는 나가버렸다. 오후 팀이 들어와서 이 글자를 보고는 그 뜻을 오전 팀의 공원에게 물었다.

"전무님이 이 공장에 오셨다. 오늘 몇 번 주물을 부었는가 하고 묻기에 여섯 번이라고 대답했더니 이렇게 '6'이라고 써놓고 나가셨어."

슈와프는 이튿날 또 왔다. 오후 팀이 6자를 지우고 크게 7자를 써놓았다.

이튿날, 오전 팀이 출근해 보니 마루 위에 7자가 큼직하게 쓰여 있는 것이 아닌가. 오후 팀이 더 성적을 올린 것이다.

오전 팀은 경쟁의식을 발휘, 분발해서 퇴근 시간에는 10자를 써놓았다.

이렇게 하여 공장의 능률은 점차 올라만 갔다. 업적이 형편없었던 이 공장은 이윽고 딴 공장을 앞질러 생산성에 있어 첫 번째를 차지하게 되었다.

이에 대한 슈와프의 말을 들어보자.

"무슨 일이든 경쟁심이 중요하다. 악착같은 돈벌이 경쟁이 아니라 남보다도 뛰어나고 싶다는 인간의 본능인 경쟁심을 자극해야 한다."

이것은 우위에 서 보겠다는 욕구, 대항 의식, 지지 않으려고 안간힘을 다하는 끈기, 사나이의 영웅심에 호소하는 방법을 말한다.

지지 않으려는 끈질김을 자극한다

지지 않으려고 애쓰는 끈질김이 자극되지 않았던들 테오도르 루스벨트는 미국 대통령에 당선되지 못했을 것이다.

그는 미서美西 전쟁에서 귀환하자 곧 뉴욕 주지사에 당선되었다. 그런데 반대파는 그에게 약점들을 지적하며 문제 삼기 시작했다. 그는 당황하여 사퇴하려고까지 마음먹었다. 그때 어떤 친구가 찾아와 루스벨트에게 호통을 쳤다.

"자네가 그래도 산쥬안 힐 전선의 용사인가? 이 겁쟁이 같으니라구!"

그는 마음을 돌려 끝까지 싸울 결심을 했고, 그 결과 그는 승리할 수 있었다.

미국의 한 학교에서는 하류층 학생들과 중산층 학생들을 섞어서 가르쳤더니 성적이 크게 향상되었다고 한다. 중산층 백인 학생들은 하류층 흑인 학생들에게 지고 싶지 않다는 경쟁심리를 부추긴 것이다.

그러나 반대로 하류층 학생과 상류층 학생을 섞어놓으면 아무 효과가 없었다. 그 이유는, 지나치게 간격이 벌어지면 도리어 기가 꺾여서 경쟁심보다 아예 포기해 버리기 때문이다.

문 25 게릴라 리더십이란 어떤 리더십입니까?

 답

상황변동에 따라 스피드하게 대처하는 리더십을 말한다.

해설

게릴라 전술이란 전체적으로는 열세이더라도 부분적으로는 우세한 싸움을 하고, 적시 적소에서 단기간에 주도권을 잡을 수 있는 스피드와 타이밍에 뛰어난 리더십을 말한다. 제2차 세계대전에 승리하고, 세계 최강을 자랑하는 미국군이 어찌하여 베트남에서 무장도 보잘것없는 베트콩에게 패배의 쓴잔을 마셔야 했던가.

미국군이 베트남전에 본격적으로 개입할 때 펜타곤의 컴퓨터는, 미군은 순식간에 베트콩을 몰아내고 연내에 귀국하여 크리스마스 때 칠면조를 맛볼 수 있을 것이라고 예측했다. 그러나 그 예측은 크게 빗나가고 말았다. 10년 동안 2천억 달러라는 거대한 전비를 투입하고 10만 명의 사상자를 내면서도 승리하지 못한 채 굴욕적인 전면 철수를 단행하지 않을 수 없었던 것이다.

그 이유는 과연 어디에 있었던가.

첫째, 대의명분이 미국 군인들을 분발시킬 수 없었다.

둘째, 컴퓨터에 비길 수 없었던 베트남 사람들의 자존심과 애국심을 파악하지 못했다.

셋째, 양으로는 압도하면서도 게릴라라고 하는 질적인 능력에 대항할 수 없었다는 점이다.

게릴라는 압도적인 양의 비행기와 전차와 대포로 공격해 오는 대군을 살짝 몸을 피해 통과시킨 다음, 가볍게 무장했지만 신경중추에 해당되는 통신부대를 습격하곤 했다. 신경이 마비된 대군은 대혼란을 일으켜 오히려 자기편을 공격한다. 이렇게 해서 사상된 아군의 수가 무려 전체의 10퍼센트에 이르렀다고 한다.

1년이면 많은 수당을 받고 본국에 돌아가리라고 생각했던 미국 병사는 최전선에도 뜨거운 커피와 영양분 넘치는 식사를 요구했다. 그 때문에 보급부대 수는 엄청나게 불어나고 말았다.

이에 대해 게릴라는 무기도 식량도 없고, 증원군도 기대할 수 없었으며, 도망갈 수 있는 나라가 따로 준비되어 있는 것도 아니었다. 무기든 식량이든 스스로 조달하거나 적으로부터 빼앗을 수밖에 다른 방법이 없었다.

그 대신 기름에 불을 붙여놓은 것과 같은 투지와 프랑스군·일본군을 차례로 무너뜨렸다는 자신감과 오랜 세월에 걸친 경험의 노하우, 거기에 민중의 지지라고 하는 최강의 원군을 가지고 있었다.

　미국은 낭비와 사상자의 증대 때문에 내부 붕괴를 불러일으
켜 더 이상 싸움을 계속할 수 없는 상황이 되고 만 것이다.

　이 베트남 전쟁은 리더십에 관해서도 몇 가지 교훈을 남겨 주
고 있다.

베트남전쟁이 리더에게 주는 교훈

　요즘 대기업을 공룡, 중소기업을 재빠른 포유류에 비유하곤
한다. 몸뚱이가 아무리 크더라도 신경 전달이 나쁜 냉혈한이라
면 재빨리 돌아설 수도 없고, 뜨거운 피가 흐르는 작은 병사들을
당할 수 없다는 뜻이다.

　무엇보다도 높은 목표를 가지고, 상대방의 급소를 집중적으
로 공격하는 자세가 리더십의 기본임을 잊지 말아야 한다.

문 26 정보화시대에 리더에게 어떤 능력이 요구됩니까?

답 정확한 정보를 재빠르게 포착하여 분석하고, 자기에게 도움이 되도록 급소를 파악하여 활용하는 능력이 리더에게 필수적인 요건이 된다.

해설 정보에 둔감한 리더는 참다운 리더가 될 수 없다. 아랫사람에게 부장님이 그것도 모르시나?라든가 아니, 우리 사장은 왜 저렇게 느려? 하는 느낌을 준다면, 당신은 리더로서의 권위를 발휘할 수가 없게 된다. 우리는 지금 엄청난 신문이나 서적의 발행 부수, 끊임없이 들려오는 텔레비전이나 라디오 방송 등 홍수처럼 밀려오는 정보화 시대에 살고 있다. 정보 공해라는 소리도 높다.

그러나 지나친 것은 부족한 것만 못하다. 정보가 범람하면 이제 어떤 정보가 진짜고, 어떤 정보가 참으로 도움이 되는지 분간할 수 없게 되어버린다. 풍요 속의 빈곤으로 잘못 받아들이다가는 엉터리 정보에 휘말리는 웃지 못할 일이 벌어진다.

그러므로 정보화 사회에서는 정확한 정보를 재빠르게 포착하여 분석하고, 자기에게 도움이 되도록 급소를 파악하여 활용하는 능력이 리더에게 필수적인 요건이 된다. 이를 정보적 우위성이라고도 말하지만, 리더로서 사람들 위에 서는 이상 무엇인가 남과 다른 뛰어난 점이 있어야 한다는 것은 자명한 일이다.

일반적으로 주어진 직권적 우위성이 중요하게 보이기 쉽지만, 실제로는 실력에 의해 아래로부터 지지받음으로써 비로소 참다운 리더십이 성립된다는 것은 새삼 두말할 필요조차 없는 일이다.

정보화 시대에 요구되는 5가지 실력

그리고 이 실력이란 것을 분석해 보면 대개 다음과 같은 내용으로 설명할 수 있다.

첫째, 연공이 쌓이는 경험적 우위성으로, 지식이나 기술 및 기능의 우수성을 갖고 있다.

둘째, 경제적 우위성으로, 급료가 많고 주머니가 두둑해서 필요한 경우에는 부하 직원들의 사기를 돋워줄 수 있는 경제적 능력을 갖추고 있다.

셋째, 인간적인 우위성으로, 인격이나 인덕 · 사람됨이라고 일컬어지는 미덕을 두루 갖춘 사람을 말한다. 이것은 모든 것의 기본이기는 하지만, 사람은 좋지만 리더로서는 힘이 약하다고 평가받는 경우가 흔히 있다.

넷째, 체력적 우위성으로, 관록이라고 하는 경우도 있다. 끈기・찰기 등으로 기력적인 우위성, 즉 정력이나 체력의 우위성이다.

다섯째, 정보적인 우위성이다. 지식적 우위성과 비슷한데, 정보를 선진적・독점적으로 파악하고, 폭넓고 정확하게 급소를 파악하여 다른 사람보다 우위에 서는 경우를 가리킨다.

실력이란 이른바 이 다섯 가지가 종합된 것으로서, 이것이 사람들의 마음을 사로잡아 그 사람의 지도에 따르고 싶어지는 리더십이 태어나게 된다. 여기서 강조하고 싶은 것은 오늘날과 같은 정보화 사회에서는 '정보적 우위성'의 비중을 알아야 한다는 점이다.

인심 좋고 물 맑고 산 좋은 시골에서 좋은 직장에 근무하면서도 큰 도시를 잊지 못하고 있는 것은 좁은 시골에 사는 사람으로서 느끼게 되는 정보의 기아감 때문이다. 그만큼 현대에 있어서 정보 가치의 비중은 크다. 따라서 이 가치를 풍부하게 지니고 이를 활용하는 사람이 리더가 되는 것은 당연한 일이다.

리더로서 혼자 해결할 수 없는 일을 만날 경우 어떻게 해야 합니까?

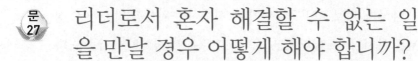 **멤버를 파트너로 생각하고 허심탄회하게 멤버와 상의하라**

 뛰어난 리더는 멤버와 상담하는 것을 즐긴다. 멤버는 파트너라고도 불리지만, 파트너란 협력자라는 의미이므로 무슨 일이든 상담하면서 진행시켜 나가는 것은 오히려 당연한 일이다. 무릇 직장 집단은 마음속으로 굳게 결합하면 상승효과가크게 나타나고, 놀랄 만한 힘이 솟아나오는 법이다. 베테랑리더는 이런 이치를 잘 알고, 어려운 문제에 부딪히면 멤버전원에게 실상을 호소해 협력을 구하며, 그렇게 되면 전원이역할을 분담하여 난관을 돌파한다.

같은 회사에 A와 B라는 두 공장장이 있다고 가정하자.

A는 언제나 유유히 목표를 돌파해 안팎으로부터 장래 사장이될 인물로 평가받고 있는 데 비해, B는 사람이 좋고 부지런하며열심이지만, 아무래도 실적이 오르지 않는다. 그들이 일하는 모습을 보고 있노라면 어디에서 이런 차이가 생겨나는지 알 수 있

게 된다.

A공장장은 새해를 맞이하거나 또는 문제가 발생했을 때 공장을 일시 멈추고서라도 전 공장의 멤버를 한 자리에 모아놓고 상담한다. 그 멤버에 수위나 청소부까지 포함되는데, 이 모든 사람들이 공장장으로부터 정세와 목표, 그리고 해야 할 일에 관한 설명을 들은 다음 작은 그룹으로 나뉘어 한 사람 한 사람이 구체적으로 무엇을 할 것인가를 확실하게 파악할 때까지 토의한다.

이렇게 해서 전원이 자기의 역할과 목표를 자각하면 그 다음부터는 대폭 권한을 맡기고 공장장은 예외적인 일의 처리와 장래의 계획에 에너지를 집중시킨다. 때문에 공장장은 아주 여유가 있어 보인다.

공장은 활기를 띠고, 멤버들은 '나에게 맡겨 달라' 는 자세로 의욕이 넘쳐 상당히 어렵다고 생각되던 목표도 유유하게 기한 전에 달성할 수 있게 되는 것이다. 그런데 B공장장은 만사를 자기 혼자 떠맡아 자못 비장한 모습으로 아침 일찍부터 밤늦게까지 공장 안을 돌면서 세세한 것까지 직접 지시하고 있다.

멤버에게 지혜를 빌린다

전체가 어떻게 돌아가고 있는가를 알 수 없는 멤버들은 자기의 역할이나 해야 할 일을 잘 모르기 때문에 우왕좌왕하면서 시간만 보내 팀워크가 잘 이루어지지 않는다. 따라서 목표의 달성이 어렵다.

'사람에게 듣는 것보다 좋은 지혜는 없다' 는 말이 있지만, 이 말은 '사람에게 상담하고, 지혜를 빌리고 협력을 구하는 것만큼 가볍게 일을 하게 하는 방법은 없다' 고 바꾸어 말해도 좋다.

돈을 빌려달라고 하면 모두 싫은 얼굴을 하지만, 지혜를 빌려 달라고 하면 모두 즐거운 얼굴을 한다. 왜냐하면 그것은 바로 자기가 뛰어난 인물로 인정되는 것으로 받아들이기 때문이다.

그래서 누구나 자기를 존중해 주는 사람을 위해서라면 도움을 주려고 노력하게 된다. 그런데도 부하 직원이나 멤버에게 마음속으로부터 상담하려는 리더가 많지 않은 이유는 무엇 때문일까. 그것은 자기의 부하 직원이나 멤버 중에는 그럴듯한 인간이 없다든가, 능력이나 레벨이 낮다고 무의식중에 생각하고 있기 때문이다. 게다가 한편으로는 리더로서의 체면이다. 이것은 리더의 인간관이 잘못되어 있는 경우이다. 체면 때문에 혼자 일을 처리하려다가 큰일을 그르친다는 것은 올바른 리더로서의 바른 자세라 할 수 없다.

서브리더란 어떤 사람을 말합니까?

 조직 내에서 리더의 일을 분담하여 책임있게 처리할 수 있는 조직원을 말한다.

 리더는 리더가 된 그때부터 곧바로 대행자를 정해놓아야 한다. 흔히 오른팔이나 참모로 일컬어지는 사람은 언제 어느 때라도 리더를 대신하여 일처리를 하게 된다.

그에게는 이런 때 리더라면 이렇게 했을 것이다는 프로그램이 내재해 있다. 그래서 리더가 없더라도 리더가 했을 일처리를 똑같은 방법을 찾아내어 실행할 수 있는 것이다.

그래서 '서브 리더' 가 있는 리더는 불안할 소지가 없다. 자신을 대신하여 줄 사람을 완전히 믿고 평상시에는 의논 상대자로서, 그리고 비상시에는 자신을 대신할 중책을 맡기게 되는 것이다.

언제 리더가 사고로 임무를 수행할 수 없게 될지 모르는 일이므로 임무 수행에 조금도 차질이 없도록 하기 위해서는 대행자를 결정해 놓고, 이를 멤버에게 명확하게 알려야 할 의무가 있다.

그 대행자도 한 사람이 아니라 세 번째, 네 번째 하고 순위를 매겨 복수로 명시해 두어야 한다.

군대에서는 그야말로 마지막 한 사람이 될 때까지 순위가 매겨져 있다. 적탄에 맞아 지휘자가 차례로 쓰러지더라도 절대로 지휘자 부재의 상태가 되지 않도록 지휘를 맡는 순위가 매겨져 있는 것이다.

다만, 이 '대행자'와 '후계자'가 반드시 일치하지는 않는다. 대행자는 일반적으로 연공서열에 따라 정해지지만, 후계자는 서열이 아니라 리더의 일을 맡기기에 부족함이 없는 사람을 지목한 다음 특별 훈련을 통해 육성한다는 점이 다르다.

이것은 회사에서 사장의 후계자를 보면 알 수 있다. 이때 서열이 빠른 전무가 아니라, 상무 가운데서 다음번 사장이 임명되는 예가 드물지 않은 것이다.

후계자도 두 사람을 육성하는 것이 바람직하다. 좋은 적수로서 서로 자극을 받아 경쟁하게 될 뿐만 아니라, 만일의 경우를 생각하더라도 복수로 하는 것이 좋기 때문이다.

대행자에 대해서는 일상 업무에 관한 지휘를 맡기지만, 반드시 자기가 직접 해야 할 것은, 특별한 경우를 제외하고는 맡기지 않는 것이 원칙이다.

중요한 결정 사항, 이를테면 인사나 장기 계획 등은 리더 자신이 책임을 지고 수행해야 한다.

그러나 대행자가 아닌 후계자에게는 직접 자기가 해야 할 중요한 일도 서서히 맡겨 교육시키는 것이 좋다. 이를테면 회의에 대리로서 출석시키거나 장기 계획을 입안시키면서 의식적·계획적으로 리더로 키워주는 것이다.

신뢰하는 것은 곧 맡기는 것이다

후계자에게 맡긴다는 것은 쉬운 일이 아니다. 쉬운 일이 아니므로 잘 가르친 다음 맡기지 않으면 안 된다. 부하 직원을 신뢰한다는 것은 맡긴다는 것이며, 맡긴다는 것은 가르친다는 것이다. 거꾸로 말하면 가르칠 수 없으면 맡길 수 없는 일이며, 맡길 수 없다는 것은 신뢰하지 못하고 있다는 것을 의미한다.

일을 맡는 자는 의욕이 생기고 임무의 중대성을 의식하여 혼자서도 공부하게 된다. 일을 맡기는 자도 짐이 가벼워지고, 중요한 일에 에너지를 집중시킬 수 있다. 그런데도 일을 맡기지 않으므로 리더만 바쁠 뿐, 성과는 오르지 않고 멤버도 의욕을 잃게 된다.

말하자면 맡기고 대행시킴으로써 모두가 즐거울 뿐 아니라, 후계자를 육성할 수 있고, 자신 또한 높은 성과를 올릴 수 있게 된다.

팀 에너지를 한 것에 집중할 수 있는 최고의 방법은 무엇입니까?

 조직의 목표와 방향을 제시하는 것이다. 기업에서는 경영이념이다.

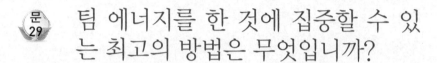

해설 길을 갈 때 이정표를 보면 금방 길을 찾게 된다. 바다에 나가는 항해사는 정확한 해도海圖를 지참해야 한다.

팀 전체 구성원들을 하나의 방향으로 원활하게 이끌어 가는 능력도 리더의 자질 중 하나이다. 방향성을 제시해 주지 못하면 팀원들은 각자 의견이 분분하여 결국 배가 산으로 올라가는 형국이 될 것이다.

팀 에너지를 한곳에 집중시키기 위한 가장 확실한 무기는 방침이요, 목표다. 그리고 회사를 움직이는 본질적인 목표인 경영이념이 있다.

이 경영이념을 비전이라고도 하는데, 이 비전을 철저하게 주입시켜 부하 직원을 하나의 방향으로 에너지를 집중시키는 것이 바로 리더의 역할이다.

뛰어난 회사는 모두 그 '방향'을 갖고 있다. 이것이 바로 비전이자 경영이념이다. 반복하면서 쉬지 않고 10년을 하루같이 경영방침, 경영이념을 합창함으로써 체질화될 때까지 머릿속에 입력시켜야 한다.

우리 회사에 들어오면 '경영이념에 휘감길 것을 각오하라' 고 하는 맹렬 회사도 있다. 매일 하루도 쉬지 않고 경영방침을 합창하는 것이므로 주기도문이나 염불과 흡사하다 하여, 흔히 '사교' 라고 일컬어지는 기업의 경영방침도 있다.

'지속은 힘이다', '습관은 성격이 된다' 고 하는 말처럼 경영방침이 철저하게 체질화되면, 사람들은 점차 아무렇지 않게 습관화되지만, 처음에는 많은 비난을 받게 된다.

어떤 회사는 자기 암시에 힘을 불어넣고 꾸준한 신념을 관철함으로써 어느 사이엔가 단연 제일로 부상한 곳도 있다.

한국 제일, 세계 제일을 매일같이 합창함으로써 집단적인 자기 암시를 걸고 있는 사이에 정말로 한국 제일이 되고 세계 제일이 된 것이다.

이런 경우에도 처음에는 원망을 듣고, 그래서 별로 실현성이 없다고 생각되었지만, 매일같이 반복하는 사이에 점점 자리를 굳혀 진짜가 되어버린 것이다. 여기에 인간의 힘의 위대함과 놀라움이 있다.

기도는 곧 선언이다

기도한다는 것은 선언한다는 것이다. 자기가 해야 할 일, 그리고 기어코 하지 않으면 안 될 일을 주변에 선언함으로써 스스로를 몰입시키고, 정력을 한곳에 집중시키는 것이 바로 기도이다.

집단의 경우에도 마찬가지여서 목표와 방침을 내외內外에 분명하게 선언함으로써 정확한 방향성이 생기는 것이다.

그러나 인간이란 복잡한 동물이어서 조금만 마음을 놓으면 주의력이 분산되고 산만해진다. 그러므로 마치 주문처럼 계속 방침을 외울 필요가 있다.

세뇌를 조금 부드러운 말로 바꾼다면 감화라고 해도 좋고 체질화라고 해도 좋다. 잠꼬대까지 나올 정도가 되면 대단한 경지다.

가풍家風 · 교풍校風 · 사풍社風이라는 말이 있듯이 모든 정신의 지침은 바람과 같고 공기와 같은 것이다. 전체적인 분위기, 그것이 그 그룹에 속하는 사람들을 하나의 유형으로 만들어 무의식 중에 확고한 방향으로 나아가게 하는 것, 그것이 이념이요, 방침이다. 이 이념이나 방침이 올바로 서야 조직이 발전한다.

지속은 힘이다. 우둔하지만 오직 하나의 목표를 향해 모든 에너지를 집중시켜 나가면 엄청난 성과를 이룩할 수가 있게 된다.

불만이나 불평을 하는 사람들의 공통적인 특성은 무엇입니까?

정당하지 않게 불평이나 불만을 갖는 사람들은 대부분 예의가 없고 성격이 고약한 편이다.

불평이나 불만을 말하는 부하 직원은 대개 말투가 고약하고 무례한 경우가 많다. 그러나 그러한 태도는 반드시 이쪽을 무시해서가 아니라, 사람이 흥분하면 공손한 말이 나오지 않기 때문이다.

또 진정을 하러 온 사람은 만나주어야 한다. 따지려 대들 것 같은 경우라도, 아니면 좋은 답변이 나올 수 없는 경우라도 만나서 이야기하는 것이 좋다. 기세등등하게 방에 들어오는 사람이라도 마음속으로는 강적의 진영에 뛰어드는 것과 같은 긴장감과 공포감을 감추려고 애쓰고 있는 것이다. 따라서 리더라면 결코 노하거나 고함지르지 말고 상대방의 입장이 되어 이해해 주어야 한다.

더욱이 많은 동료들의 기대를 걸머지고, 그들의 성원 속에 상담을 청하러 온 경우에는 더욱 그의 체면을 살려주어야 한다. 따지러 왔습니다 하고 말한다고 해서 대뜸 기분 나쁘게 받아들일 것이 아니라, 그래? 그럼 따져보시지 하는 마음으로 상대방의 말을 들어주는 것은 상사로서의 책임을 다한 것이 되며, 상대방은 기분이 나쁘지 않을 것이다.

할 말을 못하면 배가 아파진다는 말이 있지만, 상사에 대해 뱃속에 있는 말을 전부 토해 버리면 마음이 가라앉고, 똑같은 불만을 가진 동료들의 불만을 해소시키는 데도 도움이 된다.

부하 직원이 따지러 왔을 경우, 우뚝 선 채 서로 침울한 표정으로 바라보며 이야기를 주고받는 모습을 종종 볼 수 있다. 이것은 좋지 않은 방법이다. 이런 자세로는 상대방은 점점 흥분하게 되어 이쪽 말을 알아듣지 못하게 된다. 반드시 이쪽에서 먼저 의자를 권해 서로가 차분한 자세가 되어 상대방의 말을 새겨들을 수 있는 상태가 된 다음, 부하 직원으로 하여금 말하게 하라.

진지하게 들어줄 자세를 취하라

부하 직원은 앉아 있는데, 이쪽은 서 있는 것도 좋지 않다. 그대로 버티고 선 채 큰 소리로 고함치면 다음에 오는 것은 싸움밖에 없다. 서로가 손을 맞잡을 수 있을 만한 간격으로 앉아 허리를 굽혀 상대방의 말을 진지하게 들어줄 자세를 갖추어야 한다. 또 분위기가 험해지면 차를 가져오도록 미리 여직원에게 일러두는 것도 잊지 말아야 한다.

여러 사람이 있는 큰 사무실 같은 데서 격론을 벌여서는 안 된다. 벌써 그런 상태가 되면 누가 옳고 누가 그르냐 하는 것은 문제가 아니다. 지려야 질 수 없는 자존심의 싸움이 되어버리는 것이다.

특히 제3자나 구경꾼들이 보는 자리에서 사람을 설득하려 하면 그것은 반드시 실패한다. 이야기가 어렵게 되면 반드시 딴 방으로 불러 1대1로 조용하게 이야기하도록 하라.

많은 사람들이 지켜보고 있으면 자존심 때문에 더욱 자신의 의견을 굽힐 수가 없지만, 조용한 가운데서 조용한 말투로 이해를 시키면 아, 그래요? 하고 물러서는 경우가 생긴다.

상명하복上命下服이라는 생각에서 겉으로 호통을 쳐서 상대방을 굴복시키면, 설령 상사에게 굴복하는 것처럼 보일지라도 반드시 뒤에는 꼬투리가 남는다는 사실을 잊으면 안 된다.

이기는 리더의 특별한 리더십

문 31 인간의 본성을 바라보는 방법에 무엇이 있습니까?

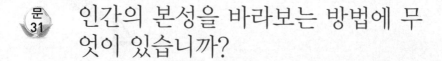

답 인간은 태어날 때 선하게 태어났다는 성선설과 그렇지 다는 성악설 두
가지가 있다.

 사람을 다루는 법칙에는 여러 가지 기술이 있지만, 그 본질적
인 차이는 인간의 본성을 선하다고 보는가, 악하다고 보는가
의 차이다. 여기서 사람을 어떻게 다룰 것인가도 밝혀진다.

성선설은 맹자의 주장이다. 인간의 본성은 선한 것이므로 이
를 키워가도록 지도하라는 것이다.

성악설은 순자가 말한 것으로서, 인간이란 본래 악하므로 나
쁜 짓을 하지 않도록 교화시켜야 한다고 주장한다.

사람을 교정하려는 노력은 아예 포기하고 나쁘다는 것을 전
제로 해서 그 대책을 강구해야 한다는 것으로 이를 주장한 사람
은 한비자요, 마키아벨리다.

그러나 인간에게는 지킬 박사와 하이드 씨가 공존한다. 사람
에게는 악과 선의 두 얼굴이 있으며, 이 두 가지가 균형을 이루
면서 인생이라는 천을 짜가는 것이 우리들의 참모습일 수도 있

다.

그래서 선의 움직임이 강할 때는 좋은 일을 하고, 악의 움직임이 우세할 때는 악인이 된다.

그러므로 리더십이란 부하 직원의 마음속에 있는 선과 악이 균형을 이루도록 적절한 자극을 주어 이쪽이 바라는 대로 부하 직원의 심리 상태를 유도하는 것이다.

따라서 규칙은 성악설에 따라 냉정하게 만드는 것이 좋고, 리더십, 즉 사람을 다루는 것은 성선설에 의거해야 한다.

원칙은 원칙이니까, 눈에는 눈, 이에는 이 하는 심정으로 규정에 의거해 사람을 대하는 것은 성악설에 의한 방법으로, 이것은 상대방의 노여움을 사기 십상이다. 그렇다고 성선설에만 의거한다면 이쪽을 만만하게 보아 나중에 배신당하기 쉽다.

두 가지 성향을 다루는 방법

따라서 가장 바람직한 방법은 성악설에 의해 레일을 설치해놓고, 성선설에 따라 그 위를 달리게 하면 실패도 없고, 상대방의 기분도 상하지 않게 할 수 있다.

성악설에 따라 규정을 만드는 것에 대한 약간의 우려도 없지 않다. 왜냐하면 너무 원리원칙의 규정을 수립해 놓으면, 그에 대한 반발을 처음부터 안고 들어가는 것이기 때문이다. 그렇다고 일이 일어난 다음에 규칙을 만들려 하면 또 그에 따른 반발이 있을 수 있으므로 사전에 충분히 의견을 반영한 규정, 많은 사람들에게 공감을 얻는 규정을 수립하는 것이 좋다.

예컨대 은행에서 돈을 빌리려 할 때, 읽기만 해도 겁이 나는 계약서에 도장을 찍어야 한다. 누구든지 이렇게까지 하지 않더라도…… 하는 얼굴이 된다.

그러나 "당신이야 틀림이 없겠지만, 세상에는 별 사람이 다 있으므로…"하고 한 마디 이해시키면, 고객은 곧바로 순순히 서명 날인한다.

그런데 그 서류가 인쇄되어 있지 않고 일일이 써야 한다면, 분위기는 사뭇 달라질 것임에 틀림이 없다. 계약서란 조항 자체가 지나치게 성악설에 근거한 내용이 대부분이기 때문이다.

그러나 흔히 사나이 대 사나이의 약속이라든가, 너와 나 사이니까 하는 뉘앙스로 충분히 대화를 나눈 다음에 도장을 찍도록 하면 위기감이나 거부감을 느끼지 않고도 계약서에 서명을 할 수가 있다.

생각이란 사람에 따라 크게 다르며, 가까운 사이일수록 그 의사가 정확히 전달되지 않는 경우도 많다.

성장 환경에 심한 차이가 있는 경우, 특히 외국인과의 거래에서는 이것이 큰 문제의 원인이 되기 쉽다.

슬럼프에 빠진 조직원들을 극복하게 하는 방법은 무엇입니까?

 슬럼프 상태를 극복하기 위해서는 다음과 같은 전기를 마련할 필요가 있다. 그 전기에 대해서는 해설에서 상세히 다루겠다.

 아무리 우수한 프로 야구팀일지라도 1년의 긴 시합 동안 슬럼프에 빠지는 시기가 종종 있다. 팀 전체가 슬럼프에 빠지거나, 우수한 선수 개인도 슬럼프에 빠지는 것이다. 그리고 각 선수의 슬럼프 때문에 팀의 패전이 오래 계속될 때가 있다. 팀이 패전을 거듭하면 각자의 슬럼프는 더욱 심각해진다. 개인이 아무리 노력해도 슬럼프를 넘어설 수 없어 자포자기의 상태가 될 때도 있다.

이러한 때에 감독은 라인업을 바꾸거나, 특정 선수를 벤치에 앉혀놓거나, 그때그때의 작전을 바꿔봄으로써 슬럼프를 극복하려고 노력하게 된다. 이렇게 슬럼프를 뛰어넘게 하는 것이 리더십의 중요한 한 요소이다.

회사에서도 팀 전체가 어떻게 할 수 없는 슬럼프에 빠지고, 그것이 오래 계속될 때가 있다. 슬럼프 때문에 그룹의 성적이 오르지 않고, 그래서 개인의 슬럼프가 더욱 심해지는 악순환을 되풀이하게 되는 것이다. 이런 슬럼프 상태를 극복하기 위해서는 지도자는 다음과 같은 전기를 마련할 필요가 있다.

슬럼프 극복을 위한 5가지 전기마련 방법

첫째, 새로운 목표를 내세울 것.

둘째, 목표의 중점을 바꿀 것.

셋째, 새로운 방침을 내세울 것.

넷째, 리더를 교체시킬 것.

다섯째, 멤버의 짜임새를 바꿀 것.

여섯째, 새로운 방법을 도입할 것.

개인에서 나아가 회사 전체의 슬럼프를 극복하기 위해서는 신제품 개발, 새로운 생산 방식의 도입, 새로운 시장의 개최 등에 나섬으로써, 지금까지의 균형을 무너뜨리고 일시적인 비균형을 일으켜 슬럼프를 뛰어넘을 필요가 있는 것이다.

지금까지의 균형을 무너뜨림으로써 새로운 중심을 찾고, 그 새로운 중심 위에 새로운 균형을 회복해 나가는 것이 슬럼프를 뚫고 나가는 하나의 요령이다. 개인의 생활에서도 도저히 어떻게 손을 써볼 수 없는 슬럼프에 빠질 때가 있다.

아마 살면서 누구나 한두 번쯤 슬럼프에 빠져보지 않은 사람은 없을 것이다. 심한 사람은 주기적으로 슬럼프에 빠지는 일도 있다. 아무것도 하기 싫고, 누구와 이야기하고 싶은 생각도 없다. 만사가 귀찮고, 원기를 잃으며, 풀이 죽는 것이다. 이럴 때 슬럼프를 뚫고 나가는 하나의 방법은 기분전환을 꾀하는 일이다.

악성樂聖 베토벤은 중후하고 심각한 〈운명교향곡〉을 작곡한 후, 그 뒤를 이어 다음에는 가볍고 즐거운 모티브를 기초로 한 전원 교향곡을 작곡했다. 분위기를 완전히 바꿔 봄으로써 기분을 전환시킨 것이다.

이렇게 기분전환을 효과적으로 이용하여 많은 대작을 세상에 내놓게 되었다.

팀의 슬럼프를 뚫고 나가 업적을 올리기 위해서 리더는 팀의 기분전환을 적극적으로 모색하지 않으면 안 된다. 새로운 방침을 내세우는 것도 하나의 기분전환이다.

조직이나 조직원 개개인의 성공을 좌우할 수 있는 말 한 마디는 어떤 말입니까?

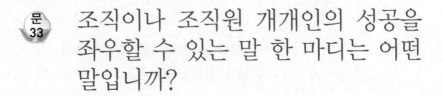 칭찬의 말 한마디다. 칭찬은 의욕을 북돋아주는 최고의 영양제다.

 '칭찬은 돌고래도 춤추게 한다' 는 광고 문구가 선풍적인 인기를 끌었던 적이 있다.

칭찬은 한 마디로 어른 아이 할 것 없이 누구에게나 마음을 가라앉히고 의욕을 북돋워 주는 커다란 영양제임이 틀림없다.

한 소년이 런던의 직물 상점에서 일하고 있었다.

아침 5시에 일어나 밤늦게까지 청소며 잔심부름을 하는 등 하루에 14시간씩이나 혹사당했다.

이러한 중노동이 견딜 수 없이 고생스러웠지만, 그런대로 2년간을 참았다. 그러나 도저히 더 이상은 참을 수가 없었다.

어느 날 아침, 그는 밥도 먹지 않은 채 가게를 빠져나와 가정부로 일하고 있는 어머니를 만나러 15마일이나 되는 머나먼 길을 달려갔다.

그는 미친 듯이 울부짖으면서, 그 가게에서 일하느니보다 차라리 죽어버리는 편이 낫겠다고 어머니에게 호소했다. 그리고 모교 교장 선생님께 자기의 딱한 처지를 호소하는 장문의 편지를 썼다. 교장 선생님으로부터 곧 답장이 왔다.

자네는 매우 두뇌가 명석하니 그러한 중노동보다는 지적인 일에 적합할 것이라고 하면서 그에게 학교 교사보의 자리를 제공해 주었다.

이 칭찬 한 마디가 소년의 장래를 바꾸었다. 그리하여 영문학 사상 불멸의 공적을 남기게 된 것이다.

그는 77권이나 되는 책을 저술했고, 100만 달러 이상의 재산을 펜으로 벌어들인 공상과학소설의 원조 H. G. 웰즈다.

흔히 개를 훈련시킬 때, 개가 조금이라도 잘하면 쓰다듬어 주고 맛있는 먹이를 준다.

누구나 다 알고 있는 이 원리를 왜 사람에게는 응용하지 않는 것일까. 왜 채찍 대신에 당근을, 비판 대신 칭찬을 해주지 않는 것일까.

작은 칭찬에 더욱 분발한다

조금만 잘한 일이 있어도 진심으로 칭찬해 주면 그는 채찍보다도 오히려 더욱 분발하게 된다는 원리를 깨닫지 못해서이다.

약 백 년 전, 열 살 가량의 소년이 나폴리의 어떤 공장에서 일하고 있었는데, 그는 성악가가 되고 싶었다. 그러나 맨 처음 만난 선생이 다음과 같이 핀잔을 주는 바람에 그는 심한 좌절감에 빠지고 만다.

"너에게 노래는 맞지가 않아! 마치 덧문이 바람에 덜컹거리는 것 같은 목소리야."

그러나 어머니는 비록 가난한 농부의 아내였지만, 어린 아들을 껴안고 따뜻하게 격려해 주었다.

"너는 꼭 훌륭한 성악가가 될 거야. 어머니는 그것을 알 수가 있어! 너는 점점 노래 솜씨가 나아지고 있지 않니? 이것이 너에게 재질이 있다는 훌륭한 증거야."

모멸과 꾸중보다는 끝없는 칭찬과 격려야말로 사람의 마음을 자극하여 욕망을 부채질하는 원동력이 된다는 것을 그 어머니는 알고 있었던 것일까. 그녀는 몸이 부서지도록 일하여 아들의 음악 공부를 뒷바라지하였다.

이런 어머니의 칭찬과 격려 그리고 헌신으로 소년의 생애는 천천히 바뀌어 갔다. 그 소년이 바로 이탈리아의 유명한 오페라 가수 카루소였다.

비록 작은 일일지라도 조금이라도 잘한 점이 있다면 아낌없이 칭찬해 주라.

이 칭찬이 좌절로 허우적거리고 있는 사람들의 마음에 희망에 발동을 걸어줄 수 있다.

문 34 상사로부터 체면을 구기는 일을 당했을 때 부하의 반응은 어떻습니까?

 답 성격에 따라 그 반응은 다음 세 가지로 나타난다. 그 3가지는 다음과 같다.

 해설 우리나라 국민들은 자존심을 존중하는 문화적 전통을 가진 사회다. 따라서 남에게 자존심을 상하게 하는 것은 최대의 치욕으로 생각되어 왔다.

그러나 조직이나 회사 안에서 자신도 모르는 사이에, 혹은 자의적으로 우리는 누군가의 자존심을 깎아내리는 경우가 생긴다. 지나고 나면 아차! 하는 경우도 적지 않다.

자존심을 깎인 본인으로서는 그것은 최대의 치욕이다. 그 결과, 그 사람의 자아는 위축되고 의욕은 저하된다. 상사나 동료의 기대에 보답하려는 욕구를 상실한 사람이 되어버린다.

특히 자존심이 강한 사람이 그것을 깎였을 경우, 그 사람은 회사나 상사에 대해 공격적인 태도를 취하게 되기 쉽다.

상사가 부하 직원의 자존심을 깎아내리는 행위를 했을 때, 그에 대한 부하 직원의 반응은 부하 직원의 성격에 따라 다음 세

가지로 나눠진다.

세 가지 유형의 반응

첫째, 철면피라고도 할 수 있는 무반응 타입이다.

이 유형은 실수를 범하거나 목표를 달성하지 못했기 때문에 상사에게 호되게 야단을 맞아도 그리 동요하지 않는다. 별다른 반응이 없는 것이다.

이런 사람은 아무리 큰 실패를 저질렀다 하더라도 그 실패에서 아무것도 배우려 하지 않는다.

둘째, 개성이 약한 타입이다.

심장이 약하고 신경질적인 사람이다. 이런 사람들은 상사에게 야단을 맞으면 그 충격이 크고, 얼굴은 창백해지며, 의기소침해지고 만다.

심한 경우 다른 사람을 원망하고, 회사나 상사에 대하여 불평을 투덜대고, 심지어는 숨은 반항심을 갖는 타입이다.

셋째, 개성이 터프한 타입이다. 상사에게 호되게 야단맞으면 그 쇼크는 역시 크다. 그러나 자기 잘못을 솔직하게 인정한다. 그리고 그 실패에서 무엇인가를 배우려 하고, 그 실패를 만회하고자 보통 사람보다 더 노력하는 사람이다.

사람에는 이상과 같은 세 가지 유형이 있다고 하지만, 철면피한 사람이나 터프한 사람은 서슴없이 체면을 깎아도 된다는 이야기가 아니다.

개성이 강한 사람은 특히 조심해야 한다. 개성이 강한 사람일수록 자존심이 강하기 때문이다.

자존심이 강한 사람은 체면을 깎이면 갑자기 반항적인 인간으로 바뀌는 수도 있다.

일반적으로 사람을 육성한다는 것은 그 사람에게서 무엇인가 가치 있는 것을 끌어내 키우는 일이다. 체면을 잃게 한 것이 그 사람에게서 최악의 것을 끌어내는 결과가 되는 경우도 있다.

여러 번씩 부하 직원의 체면을 생각해 주지 않으면 부하 직원은 상사나 동료의 기대에 보답하려는 노력을 하지 않고 의욕을 상실해 버린다. 심한 경우, 자포자기하는 경우도 있다.

그러므로 함부로 부하 직원의 체면을 깎지 않도록 배려하는 마음가짐을 가져야 부하 직원을 살리고, 부하 직원을 키우는 길임을 잊지 말아야 한다.

우선 상대방의 체면을 최대한 존중해 주는 자세가 필요하며, 무의식중에 체면을 깎아내리는 발언을 했다면 곧바로 사과하는 자세를 익히는 것이 중요하다.

문 35

그룹을 인도하는 리더에게 어떤 리더십이 필요합니까?

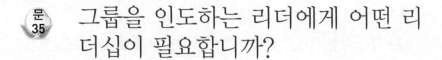

답 토의를 통해 그룹 전체가 리더의 방향으로 스스로 나아가도록 이끌어야 하는 토의의 리더십이 필요하다.

 해설 "대중의 정신을 고양시키고 자신감을 심어줄 수 있다면, 그 사람은 뛰어난 리더인 것이다."

영국의 8군 사령관을 지낸 몽고메리 장군의 말이다. 그는 임명되자마자 사병들의 자신감을 불러일으키기 위해 다음과 같은 연설을 한 것으로 유명하다.

"나의 임무는 여러분에게 분위기를 만들어 주는 것입니다. 여러분이 함께 숨 쉬며 함께 전투할 수 있는 분위기를 만들어 주는 것입니다. 여러분은 전체에 이런 분위기를 만들어야 합니다. 신병들의 마음을 알고 병사들이 원하는 바를 서로 이해할 때 자신감이 다시 넘쳐날 것입니다……"

이 연설은 리더의 면모를 쉽게 잘 표현해 주는 말로서, 명연설로 우리에게 기억되고 있다.

부하 직원을 지도함에 있어 관리직 단계에서는 개인 대 개인의 관리 방식을 위주로 할 필요가 있다. 모름지기 상사라면 부하 직원 개인을 파악하고, 개인을 육성하고, 개인을 움직여 나갈 필요가 있는 것이다.

그러나 현장의 작업 집단일 경우에는 개인 대 개인의 관리 방식으로 개인을 움직이는 것보다는 집단 관리의 방식으로 집단 전체를 움직이는 것이 효과적이다.

어느 회사의 팀장의 경우를 보자.

이 팀장은 20대 젊은 사람으로서 전문대학 출신이다. 그는 개인 대 개인의 관리가 아니라, 이른바 집단 관리의 방식을 취하고 있었다.

그의 부하 직원은 54명, 이 부하 직원을 세 개의 그룹으로 나누어 각각 다른 책임장을 두고 있다.

하나의 공정에서 누가 실수를 범하거나 누군가가 불만을 말하면, 바로 그 그룹 전원과 리더를 모아놓고 전체의 문제로서 집단 토의한다는 방식을 취한다.

즉, 한 사람이 실수를 범한 경우에 책임자는 그 개인을 불러 주의를 주지 않는다. 왜냐하면 그러한 개인 관리를 하면 그 사람은 체면이 깎일 것이고, 그렇게 되면 보통 그 사람은 점점 신경질적이 되고, 그래서 오히려 더 많은 실수를 하는 결과를 가져오기 때문이다.

그러므로 어떤 문제가 생기면 바로 그룹 전원을 모아놓고 전체의 문제로서 토의한다.

토의를 통한 리더십

각기의 책임자는 이 그룹 토의를 리드해 가면서 도달해야 할 결론과 자각의 방향으로 그룹 전원이 스스로 움직여 가도록 해야 한다.

반면에 현장의 작업 집단일 경우에는 작업 시간에 그룹 전원을 모이게 할 수 없는 경우도 있다. 기계를 떠난다는 것은 생산의 흐름을 정지시키는 것을 의미하기 때문이다.

이와 반대로, 오히려 관리직일 경우에는 필요할 때는 전부를 한 자리에 모아놓고 회의를 하더라도 생산의 흐름이 정지되는 것은 아니다.

그리고 다시 직장 밖의 비공식적인 활동에도 힘을 기울여 그룹 전원이 함께 캠핑을 간다든가, 또는 전원이 참가하는 야유회를 개최하거나 한다.

이러한 집단 관리의 방식을 취함으로써 직장 문제에 관하여 모두가 공통의 관심을 갖게 되고, 따라서 한 사람에 관한 문제라도 전체의 문제로서 받아들이게 될 수 있다.

조직에서 자주적인 관리체제란 어떤 것입니까?

답

각 그룹에서 자주적으로 목표를 정해 자기들이 계획을 세우고, 스스로 정한 목표를 자주적 책임으로 실행해 가는 것이 바로 자주적인 관리체제다.

해설

A회사에서는 비용 절감이라는 명제 아래 코스트다운 센터를 설치하고 있지만, 그 요원은 센터의 책임자 이외에 불과 세 사람에 지나지 않았다.

코스트다운 센터에 많은 인원을 배치하면 비용·절감은 이를 관할하는 센터만의 일이고, 다른 부문에서는 관계가 없다고 생각할 것을 우려했기 때문이었다.

A사는 코스트다운 센터가 사무국이 되어 차장과 과장을 멤버로 하는 코스트다운 위원회를 설치했다.

전국에 흩어져 있는 공장과 영업소까지 합해 과가 80개이며, 이 80개과 각기 코스트다운을 자주적으로 관리하는 단위가 된 것이다.

즉, 각 공장이나 본사에 각기 코스트다운 위원회가 설치되고,

각 차장이나 과장이 자기 부나 과의 코스트다운의 구체적인 목표를 설정하고, 그 방법을 계획하고 실시하는 자주적인 관리의 책임자가 되었다.

회사의 이익 계획에 의해 상부로부터 각 과 단위에 코스트다운의 목표가 할당된다. 이 상부로부터의 목표를 참고 기준으로 하여 각 과의 단위에서 자주적 토의를 거쳐, 자기들의 자주적인 목표를 설정한다.

그리하여 상부로부터의 목표와 아래로부터의 자주적인 목표 중에서 이익이 높은 편을 채택한다. 보다 의욕적인 목표를 채택하는 것이다.

그 결과, 놀랍게도 아래에서 결정한 자주적 목표가 위로부터 할당된 목표를 상회하는 결과가 나타났다.

이렇게 각 그룹에서 자주적으로 목표를 정해 자기들이 계획을 세우고, 스스로 정한 목표를 자주적 책임으로 실행해 가는 것이 바로 자주적인 관리체제다.

스스로 필요성을 느끼게 한다

즉, 스스로 필요성을 느끼고 일을 하는 직원들이 더 높은 효율성을 이룬다는 말이다.

군대에서는 진심으로 복종하고자 하는 의지가 불타올라 상관을 따르는 부하들은 아무런 말썽도 일으키지 않는다. 리더로서의 모범을 보이며, 불필요한 권위를 내세우지 않으며, 모두가 공감하는 리더십을 보일 때 그 사람은 존경받는 상관이 될 수 있다.

경영면에서 볼 때, 회사는 강압적인 규정이나 규칙을 앞세우는 것보다 자주적인 관리가 훨씬 효과적이다. 직원들이 공감하는 이익을 설득시키면 그들은 자발적으로 모여서 공익적인 일을 위한 연구를 거듭한다.

예를 들면 지각을 하면 얼마의 벌금을 낸다는 규정보다는 한 달 동안 한 번도 지각하지 않는 사람에게는 어떤 상을 준다는 규정이 훨씬 바람직하다는 말이다. 구체적으로 감투나 권위를 준다든가, 상품 또는 상금을 주는 것도 효과적으로 직원들을 움직이게 하는 비결이 될 수 있다.

스스로 움직이게 하는 힘은 마음속에서 우러나오는 것이다. 내가 이것을 하지 않으면 잘릴 거야라는 위기감에서 어쩔 수 없이 하는 일이 과연 얼마나 효과를 발휘하겠는가.

당신이 리더라면 이런 원리를 잘 파악하고 있어야 한다. 인간이란 분명히 감정의 동물이다. 섬세한 감정의 움직임을 지혜롭게 관리하는 사람은 다른 사람을 스스로 움직이게 할 수 있다.

문 37 분쟁을 피할 수 있는 가장 좋은 법칙은 무엇입니까?

답 이 법칙이란 다름 아닌, 상대방을 칭찬하라는 것이다.

 해설 인간의 행위에 관하여 중요한 황금률이 한 가지 있다. 이 법칙에 따르기만 한다면 분쟁은 피할 수 있고, 친구는 자꾸 많아질 것이며, 행복 또한 스스로 찾아온다는 법칙이다.

그러나 이 법칙을 깨뜨리면 곧 끝없는 분쟁에 휘말려 버리고 만다. 이 법칙이란 다름 아닌, 상대방을 칭찬하라는 것이다.

인간은 누구나 다른 사람들에게서 인정받기를 바라고 있다. 자기의 진가를 인정받고 싶어하고, 자기가 소중한 존재라고 느끼고 싶어한다.

속이 빤히 들여다보이는 아첨일지라도 칭찬의 말은 어쩐지 기분이 나쁘지 않다. 아무리 마셔도 배부르지 않는 공기와 같이 칭찬은 아무리 들어도 질리지 않는 것 같다.

오히려 칭찬의 말을 들으면 들을수록 힘이 나고, 용기가 솟아오르며, 진취적인 기상이 불타오른다. 이것이 바로 칭찬의 위력이다.

아무리 무능한 사람일지라도 매일같이 칭찬의 말을 듣는다면 점차 능력이 향상되는 것을 관찰할 수 있을 것이다. 만일 이 말이 믿어지지 않는다면 오늘부터라도 당신 주변의 사람에 대하여 실험해 보는 것도 좋으리라.

가장 빨리 그 효력이 나타나는 예는 아이들이다. 아이들은 칭찬을 먹고 자란다는 말이 있다. 부모의 칭찬에 굶주린 아이들은 성격적으로도 문제가 있다고 한다.

비록 사회생활을 하는 어른일지라도 칭찬의 말을 들으면 어깨가 으쓱해지고 더욱 열심히 하려는 의지가 솟아나는 법이다.

성경에도 나오듯이, 남이 나에게 대접해 주기를 원하는 것처럼 나도 남에게 대접하라는 원리는 쉬운 말 같지만 실상 지키기란 그리 쉬운 일이 아니다. 무슨 일이든 내 쪽에서 바라보는 습관이 있는 우리들은 나에 대해서는 관대해도 남에 대해서는 그리 관대하지 못하기 때문이다.

남을 칭찬하는 데에 익숙하도록 노력하라

그러므로 남을 칭찬한다는 것도 노력을 해야 하며, 꾸준한 일상의 훈련 가운데 진심어린 칭찬에 익숙한 사람이 될 것이다. 그러면 이 칭찬의 철학을 어떻게, 언제, 어디에서 실천해야 할 것인가.

예컨대 음식점에서 점원이 주문한 것과 다른 것을 잘못 가지고 왔을 때 버럭 화를 내면서 지적을 할 수도 있다.

그러나 반대로 "실례지만, 내가 시킨 것은 설렁탕이 아니라 갈비탕입니다" 하는 식으로 정중하게 말하면 점원은 얼굴 찡그리지 않을뿐더러 진심으로 사과하며 기꺼이 바꾸어 줄 것이다. 어쩌면 미안해서 다른 서비스를 줄 수도 있다. 이것은 상대방에게 진심으로 경의를 표했기 때문이다.

이 상황에서 서로 낯을 붉히며 언쟁을 하는 것이 과연 기분 좋을 리 있겠는가.

이렇게 공손하고 점잖은 말씨는 일상생활의 톱니바퀴에 윤활유와 같은 역할을 한다.

사람은 누구나 타인보다 어느 점에서는 자기가 우월하다고 생각한다. 또 그렇게 생각할 수 있기 때문에 보람을 느끼면서 이 세상을 살아갈 수 있는 것이기는 하다. 제 잘난 맛에 사는 사람도 주위에서 흔히 볼 수 있다.

그러므로 상대방의 마음을 휘어잡는 방법은 상대방의 가치를 솔직히 인정해 주고, 상대방으로 하여금 그 점을 깨닫게 해주는 것이다.

'예스' 라는 답을 얻기 위한 방법은
무엇입니까?

 상대방이 '예스' 라는 대답을 하지 않을 수 없는 질문을 한다. 다음 질문에
도 '예스' 라고 하고, 계속해서 '예스' 라고 대답하게끔 유도질문을 한다.

 인류 사상에 커다란 진보를 가져왔던 아테네의 철학자 소크
라테스는 사람을 설득하는 데 있어 동서고금을 통하여 제일
인자라고 할 만한 사람이었다. 소크라테스는 상대방의 잘못
을 지적하는 일 따위는 결코 하지 않았다. 이른바 소크라테스
문답법으로, 상대방으로부터 예스라는 대답을 얻는 데 목적
을 두었다.

먼저 상대방이 예스라는 대답을 하지 않을 수 없는 질문을 한
다. 다음 질문에서도 또 예스라고 대답하게 하고, 계속해서 예스
를 말하도록 유도한다. 상대방이 눈치를 채었을 때는 이미 처음
에 부정하고 있던 문제에 대하여 어느새 예스라고 대답하게 하
는 것이다.

상대방의 과오를 지적하고 싶을 때는 소크라테스의 문답법을
생각하고, 상대방으로 하여금 예스라고 말하도록 노력해 보라.

중국의 옛 격언에 '유柔가 가히 강剛을 이긴다' 는 말이 있다. 부드러운 것이 가히 강한 것을 이긴다는 뜻이다. 상대방을 강압적으로 이기는 것보다 부드러운 말하기 기술로써 한 번에 제압하는 것이 어떤가.

이 원칙을 지키려면 남과 이야기할 때, 서로 의견을 달리하는 문제를 처음부터 화제로 삼아서는 안 된다. 먼저 쌍방의 의견이 일치하는 문제부터 시작하여 이를 꾸준히 강조하면서 이야기를 진행시켜 나가야 한다. 서로 동일한 목적을 위하여 노력하고 있다는 점을 상대방이 이해해 주도록 힘쓰며, 의견의 차이는 단지 방법에 관한 것뿐이라는 점을 공유해야 한다.

따라서 처음에는 상대방의 입에서 예스라는 말이 나올 문제만을 이야기하여 될 수 있는 한 노라는 말이 나오지 않도록 유도해야 한다.

'노' 라고 한 번 대답하면 번복하기가 힘들다

상대방이 한 번 노라고 답하게 되면 이를 번복시키기란 결코 쉬운 일이 아니다. 보통 사람이란 남이 강요하면 할수록 거기에 역행하고 싶어지는 마음이 깊게 있다. 그리고 일단 노라고 말한 이상 이를 뒤집는다는 것은 자존심이 허락하지 않기 때문이다.

노라고 말해 놓고 나서 후회하는 경우도 있을 것이다. 그러나 한 번 말한 이상 끝까지 그것을 고집하게 마련이다. 그러므로 처음으로 예스라는 말이 나오도록 이야기를 이끌고 나가야 한다.

그러기 위해서는 상당한 노력이 있어야 하고, 그 내용을 효과적으로 이야기할 수 있는 위트도 발휘되어야 할 것이다. 상대방이 진심으로 노라고 말할 때는, 단지 그 말을 입에 담는 것이 아니라, 동시에 여러 가지 부수 현상이 뒤따르게 된다. 각종 분비선과 신경 · 근육 등의 모든 조직이 일제히 거부 태세를 굳히게 되는 것이다.

그리고 때로는 이것이 분명히 느껴져 알 수 있을 정도의 큰 동작으로 나타나는 경우도 있다. 부정적인 보디랭귀지의 경우가 그것이다. 그러나 예스라 하면 신체의 모든 조직이 긍정적으로 받아들이려는 태세를 갖춘다. 따라서 예스라는 말을 많이 하게 하면 할수록 상대방은 이쪽이 원하는 방향으로 끌려오게 된다. 이것이야말로 설득의 가장 중요한 비결이다.

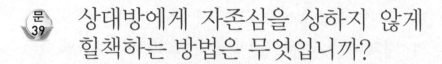

문 39 상대방에게 자존심을 상하지 않게 힐책하는 방법은 무엇입니까?

답 힐책할 때는 힐책하는 이유를 분명히 알리고, 또 그 시기를 잘 선택해야 된다.

해설 "적을 공격하여 포위한 경우에도 완전무결하게 포위하지 말고 도망갈 길을 열어놓으라."

이것은 중국의 유명한 명서 『손자병법』에 나오는 이야기이다.

애써 독 안에 든 쥐로 만들었는데, 도망갈 길을 열어놓으라는 말은 무슨 뜻일까.

완전히 퇴로를 차단당한 적은 죽는 셈치고 저항하기 때문에 발악을 하듯이 죽을힘을 다해 대항한다. 그러면 오히려 손을 댈 수 없는 상태가 되고 만다.

궁지에 몰린 쥐는 고양이를 문다고 하지 않는가. 오히려 조금 포위를 풀어 도망갈 길을 열어주면 적은 살았다는 생각에서 앞을 다투어 도망갈 것이다.

죽음을 각오하고 완강하게 저항하는 것과, 이제 살았다고 한

숨을 돌리면서 서둘러 도망가는 것과는 그 전력에 엄청난 차이가 날 수밖에 없다. 이럴 때를 겨냥해서 통렬한 두 번째 공격을 가한다면 적을 손쉽게 전멸시킬 수 있다.

이것이 손자의 백전백승 병법인데, 회사에서 부하 직원을 힐책하는 경우에도 이 원리를 그대로 도입하면 좋다.

상사에게 힐책당하는 것은 무엇인가 잘못을 저질렀기 때문이며, 설령 아무리 자기의 행동을 정당한 양 강변하고 있는 사람이라도 마음속으로는 구멍이 있으면 들어가고 싶은 심정일 것이다.

이러한 심리의 변화를 먼저 캐치해야 한다. 상대방이 웅크리고 있는 것도 모르고 몰아붙이는 것은 오히려 더욱 강한 저항감을 가져오게 되고, 그 사람의 잘못을 고쳐주려는 힐책의 효과도 기대할 수 없게 된다.

힐책할 때는 힐책하는 이유를 분명히 알리고, 또 그 시기를 잘 선택해야 된다.

남편이 술에 녹초가 되어 벨을 울리며 돌아왔을 때, 바로 현관에서 부인이 역정을 해대면 아무리 점잖은 남편이라도 고함을 치기 쉽다.

그러나 그날 밤은 아무 소리 없이 그대로 맞아들이고 하루나 이틀이 지난 다음 조용히 말한다면 아무리 고약한 남편이라도 무조건 항복할 것이다. 주의해야 할 점은, 곱게 맞아들이기만 하고 두 번째 공격을 잊어버린다면 상대방은 역시 그러한 잘못을 다시 되풀이하기 쉽다는 점이다.

아동학자들은 잘못을 저지른 아이들을 타이를 경우에도 곧바로 꾸짖지 말고 충분히 반성할 만한 시간을 준 다음, 특히 잠들기 직전 조용히 타이르는 것이 효과적이라고 한다. 그렇게 되면 잠재의식이 조용히 활동해 주기 때문이다.

변명하는 동안에는 반성이란 없다

변명하고 있는 동안 반성은 없다는 말이 있는데, 그렇다고 해도 상대방의 변명을 들으려 하지 않는 태도에도 문제가 있다. 오히려 변명하게 놓아둔 다음, 이제 더 할 말이 없게 되었을 때 조용히 말하는 편이 훨씬 설득력이 있다.

그리고 상대방의 성격에 따라 힐책하는 방법도 달라야 한다. 건방진 상대에게는 고약하게 일갈하는 것도 좋은 방법이지만, 반성하고 있는 부하 직원은 부드럽게 타일러야 한다. 때로는 아무 말도 하지 않는 것이 무엇보다도 강한 자극이 되는 사람도 있음을 기억하라.

가정에서나 사회생활에서 다른 사람을 꾸짖게 되는 경우는 매우 흔한 일이다. 이런 때 나의 기분과 감정만 앞세워 상대방을 몰아붙이면 결코 좋은 결실을 얻을 수 없다. 변명이나 해명의 기회를 충분히 준 다음, 조용히 설득력 있는 말로 타이를 때 훨씬 효과가 더 크다.

문 40 상대방의 마음을 사로잡는 가장 간결한 방법은 무엇입니까?

답 상대방이 가장 관심 갖는 것을 파악하여 그것을 주제로 말한다.

해설 루스벨트는 대통령이 되기 전에도 그의 저택을 방문한 사람이면 누구나 그의 박식함에 경탄을 금치 못했다고 한다.

그는 상대방이 카우보이든, 정치가든, 외교관 또는 기타 어느 직업에 종사하든 간에 그 사람에게 적합한 화제를 풍부하게 지니고 있었던 것이다.

그렇다면 그는 어떻게 해서 그렇게도 풍부한 지식을 지닐 수 있었던가. 대답은 극히 간단하다. 이것은 루스벨트의 놀랄 만한 지혜였다.

루스벨트는 누구든지 찾아올 사람이 있다는 것을 알면, 그 사람이 특히 좋아할 만한 문제에 관하여 그 전날 밤 늦게까지 책을 찾아보고 연구를 해두었던 것이다.

루스벨트는 사람의 마음을 사로잡는 지름길은 상대방이 가장 깊은 관심을 갖고 있는 문제를 화제로 삼는 것이라는 점을 이미 간파했던 것이다.

뉴욕의 일류 제빵회사 사장의 경우를 보자.

그는 이전부터 뉴욕 어느 호텔에 자기 회사의 빵을 납품시켜 보려고 애쓰고 있다. 그래서 무려 4년 동안 매주 지배인을 찾아다니며 졸랐다. 지배인이 출석하는 회합에도 자리를 같이했다. 그 호텔에 손님으로 투숙하기까지 해보았으나, 모두 헛수고였다.

그 사장은 당시의 노력에 대해 이렇게 이야기하고 있다.

"드디어 나는 궁여지책으로 인간에 대해 연구하기 시작했다. 결국에는 전략을 바꾸었다. 그 지배인이 무엇에 관심을 가지고 있는가, 즉 어떤 일에 몰두하고 있는가를 조사했다. 그 결과, 그가 아메리카 호텔협회에 관계하고 있음을 알아냈다. 그것도 평회원이 아니고, 그 열성으로 해서 그 협회의 회장이자 동시에 국제 호텔협회의 회장까지 겸하고 있었다. 협회의 대회가 어디에서 개최되건, 아무리 먼 곳이라도 참석하고야 마는 열성파였던 것이다.

그래서 나는 다음날, 그와 만나 협회 이야기를 끄집어냈다. 반응은 과연 놀라웠다. 그는 눈에 열기마저 띠면서 30분 동안이나 협회의 이야기를 해댔다. 협회를 육성시키는 것이 그에게는 더할 나위없는 기쁨이며 정열의 원천이었다. 그리고 나는 그의 관심사를 알 수 있었다.

그가 이야기하는 동안 나는 빵에 관해서는 한 마디도 하지 않왔다. 그런데 며칠 뒤 호텔의 구매계로부터 전화가 걸려 왔다. 나에게 빵의 견본과 가격표를 가지고 와달라는 것이다. 호텔에 들어서자 구매계에서 '당신이 무슨 수단을 썼는지는 모르나 지배인이 굉장히 당신과 이야기를 하고 싶은 것 같아요' 하고 귀띔해 주는 것이었다.

상대방이 가장 관심갖는 것을 파악하는 방법

인간은 누구나 자신이 지극히 관심을 갖는 화제가 있다. 따라서 상대방의 관심사를 파악하여 이를 화제로 삼는다는 것은 그의 마음의 창을 열게 하는 지름길이다.

그러나 남의 일에 관심을 갖는다는 것은 결코 쉬운 일이 아니다. 얼마나 바쁜 세상인가. 자기 일만으로도 벅찬 세상이 아닌가. 이런 세상에 남에 대한 진지한 관심을 가지려면 무엇보다도 인간에 대한 참다운 애정이 있어야 하고, 상대방의 번영을 통하여 자기도 번영하는 폭넓은 인생관이 전제되어야 한다.

한 마디로 윈윈 전략이다. 이렇게 할 수 있는 사람만이 다른 사람을 앞지르고 진정한 리더가 될 수 있다.

이기는 리더로서
자격은 몇 점인가?

뛰어난 리더십을 발휘하게 하는 것은 무엇입니까?

팀워크를 유감없이 발휘하는 것이다.

미국 역사상 워싱턴, 링컨과 함께 세계의 모든 사람들로부터 가장 존경받고 사랑받는 사람은 발명왕 토머스 에디슨이다. 에디슨은 초등학교 1년을 중퇴했다고 하는 학력 제로에 가까운 인물이면서도 백열전등, 알칼리 전지, 축음기, 영화를 비롯하여 84세에 사망할 때까지 인류의 생활을 풍요롭게 하는 1천2백 가지 대발명을 이룩한 것은 참으로 놀라운 일이다.

에디슨은 마술사 같은 천재로 칭송받았지만, 본인이 99퍼센트의 노력과 1퍼센트의 영감에 의해 완성한 발명이며, 결코 천재여서가 아니라 노력의 결정임을 강조했다는 것은 이미 어린 학생도 아는 유명한 이야기다. 그러나 또 한 가지 중요한 점은 에디슨은 많은 인재를 조직화하고, 이를 활용한 시스템 운영자로서도 개척자적인 존재였다는 사실이다. 뛰어난 리더십도 그만한 대발명을 이룩하게 한 원동력이었다.

바로 이러한 리더십에 혼자서 무엇인가를 발명하고, 마치 갑부의 면허증이라도 받은 것처럼 곧바로 이를 사업화하지만, 그 무계획성 때문에 얼마 되지 않아 무너지는 거리의 발명가와는 다른 점이 있는 것이다. 상식적으로 생각해 보더라도 한 사람만의 노력으로 그렇게도 엄청난 일을 해낼 수는 없는 일이다.

에디슨 연구소는 나중에 세계 최대의 전기 메이커인 제너럴 일렉트릭(GE)으로 발전하지만, 이것은 에디슨이 육성한 인재의 힘이 뒷받침되었기 때문이다. 에디슨은 독학을 했기 때문에 수학에는 엉터리였다. 그러나 수학의 중요성을 깊이 인식했다. 따라서 여러 사람의 뛰어난 수학자를 고용했다.

유능한 비서의 조건

그때 명언에 "내가 필요하다면 수학자는 얼마든지 고용할 수 있지만, 수학자는 나를 고용할 수가 없다"는 것이 있다. 이 말이야말로 리더십의 본질이라고 할 수 있는 셈이다. 에디슨 곁에는 항상 유능한 비서가 붙어 있어 조그마한 것도 빠짐없이 메모했다고 한다. 본인도 미처 깨닫지 못하고 혼자 중얼거리는 말 속에 중대한 발명의 힌트가 숨어 있는 경우가 있었기 때문이다.

그리고 아무것도 되지 않을 것으로 생각되는 에디슨의 아이디어를 무엇인가 형태가 있는 것으로 만들어내는 만능 숙련공 존 오트 같은 베테랑이 없었다면 그만한 일을 해낼 수 없었을 것이라는 말도 있다. 또 에디슨은 재판 왕이라고도 불리었다. 특허 문제를 둘러싼 소송 때문에 인생의 태반을 법정에서 보내고 있다는 말이 나돌 정도였다. 이 때문에 유능한 변호사들을 거느리게 되었음은 당연하다.

이렇게 어떤 문제이건 시스템으로 해결하고 있었기 때문에 에디슨의 부하 직원 중에서 빛나는 업적을 남긴 수많은 인재가 배출되었다.

에디슨은 무엇인가가 완성되면 전원을 모아놓고 창조의 기쁨을 만끽했다. 그러나 그러기 전에는 사전을 베개 삼아 연구소의 의자에서 웅크려 잠자고, 시간을 가리지 않고 발명에 열중하였다.

이와 같은 솔선수범이 팀워크라는 뛰어난 리더십을 발휘하게 한 것이다.

문 42 인재를 뽑을 때 절대적으로 보지 말아야할 것은 무엇입니까?

 답 학력, 경력 스팩 등 조건이다.

 해설 "무사는 자기를 알아주는 사람을 위해 죽는다."

이런 옛말이 있다. 이를 현대식으로 표현한다면 '사람은 자기를 이해하고 능력을 인정해 주는 사람을 위해 일할 의욕을 갖게 되는 것'이라고 말할 수 있다.

상부에 있는 사람이 아랫사람을 제대로 보는 안목이 없을 때는 아랫사람은 절대로 일할 의욕을 갖지 않게 되며, 윗사람을 따르지도 않게 된다.

관리자가 공평하고 객관적으로 사람을 평가함으로써 유능한 인재를 발탁하고, 그 인재를 적재적소에 배치해 가는 것이야말로 리더가 갖추어야 할 가장 중요한 조건이다.

그러나 사람을 평가한다는 것보다 어려운 일은 없다. 따라서 대개 그 사람의 실질이 아니라 겉모양이라는 선입견에 의해 사람을 평가하기 쉽다.

직장 안에서 누구를 어디에 배치할 것인가, 누구를 발탁할 것인가를 의논하는 경우에도 말도 안 되는 편견이나 선입관에 사로잡혀 있는 경우가 많다.

이를테면 눈썹 사이가 좁은 사람은 정직하다든가 턱이 네모진 사람은 의지가 강하다고 하는 인물 하마평이 유포된다. 이것은 외관의 조건으로서 사람을 보는 것이다.

이러한 외관에 의해 사람을 배치하든가 발탁해서는 참다운 인재를 찾을 수 없다.

사업은 사람이라고 한다. 따라서 누구를 쓰느냐, 어떻게 관리하느냐에 따라 사업의 성패는 결정된다. 그러나 이 참뜻을 정말로 이해하고, 이를 실천하는 경영자는 의외로 많지 않다.

우리나라 대개의 회사가 취하고 있는 학력주의 또한 하나의 조건인데, 이 학력주의와 연공서열형의 인사방침은 지극히 형식적이라고 할 수 있다. 이러한 요소도 중요하지만 더 중요한 것은 그 사람의 실력이다.

무능한 경영자의 실책, 기계적인 인사문제

올바르게 인재를 평가해야 할 경영자들은 그 의무와 책임을 회피하고, 학력과 연공이라는 두 개의 형식적 기준을 기초로 하여 기계적이고 천편일률적으로 승급이나 승진과 같은 인사 문제를 결정하고 마는 것이다.

그러나 이러한 인사 관리가 만연하면, 회사는 그 활력을 잃고 세계화 경쟁에서 살아남지 못하게 될 것임은 말할 필요조차 없다.

왜냐하면 사원이 아무리 능력을 계발하더라도 그 능력을 테스트하고, 실제로 이를 활용해 나갈 수 있는 기회가 공평하게 주어지지 않기 때문이다.

에스컬레이터에 올라타면 아무리 발 빠르게 위칸으로 올라타려 해도 위에 탄 사람은 빠른 속도로 올라가고, 뒷사람은 자꾸만 처지게 되어 있다. 이와 같이 사회에서 어떤 연유로 뒤로 처진 사람은 아무리 노력하더라도 앞사람을 추월할 수가 없는 구조가 있다. 따라서 먼저 탄 사람은 기득권 위에서 편안하게 안주할 수 있다.

이런 구조 속에서 누가 남보다 더 노력하려 하겠는가.

학력주의를 반대하는 이유는 학력이 쓸데없는 것이어서가 아니라, 학력이라는 형식적인 조건만으로 사람을 평가하는 방법이 바람직하지 않기 때문이다.

요즘 대기업에서도 유머감각이라든가 성실감 같은 능력 외적인 면모를 채용 기준으로 많이 적용한다는 점을 보아라.

그렇다고 실력이 뒤떨어져서도 안 된다. 이제는 실력과 자질을 겸비한 사람만이 현대사회를 이기는 선두주자가 되고 있다.

능력주의 인사가 조직에서 어떤 효과가 나타났습니까?

 답 조직의 체질을 경쟁심 위주로 바꾸어놓았다.

 해설 요즘엔 30대의 사장도 있고, 2, 30대 임원도 많다. 능력이 있다고 인정되면 지금까지 일개 과장으로 있던 사람이 일약 회사의 사장으로 취임하는 경우도 볼 수 있다. 뛰어난 능력과 회사 발전에 큰 공로를 인정받아 부장선을 뛰어넘고 그 위에 자리 잡고 있는 상무·전무·부사장 등 몇 자리를 건너뛰어 곧바로 사장이 되고, 대회사를 이끌어가는 경우조차 있다.

비즈니스의 세계뿐 아니라 공무원 사회 또한 그렇다. 연공서열식으로 승진하던 오랜 전통을 깨고, 선배들을 제치고 몇 단계씩 뛰어오른다. 능력주의가 우리 사회에도 뿌리내리고 있는 것이다. 이러한 발탁 인사는 무엇보다도 조직의 여성적 체질을 바꾸는데 두 가지의 커다란 효과를 지니고 있다.

첫째로, 질투심을 깨끗한 경쟁심으로 바꾸어 놓는다.

지금까지는 한 사람이 두각을 나타내는 것을 상사도 동료도 질투 어린 눈초리로 흘겨보았다. 모두가 힘을 합해 그 사람의 발목을 붙잡아 끌어내리려 했다. 따라서 발탁은 이루어질 수 없었다.

모난 돌은 정을 맞는 법, 능력 있는 기운찬 매도 발톱을 감춘 채 능력을 제대로 발휘하지 못한 채 정년퇴직을 맞지 않으면 안 되었다. 발탁이 이루어지지 않는 조직체에서 상사는 부하 직원의 태도가 나쁘다든가, 의자에 앉는 자세가 바르지 않다는 등 시종 표면적인 일에만 신경을 쓰고, 부하 직원이 하는 일의 성과나 그 능력 신장에 대해서는 도통 관심이 없다.

이것은 상사의 질투심과 무능이 가져다 준 산물이다. 실적주의에 의한 발탁을 조직의 관행으로 만듦으로써 이러한 질투심은 없어진다. 이에 대신하여 깨끗하고 발랄한 경쟁심이 생겨나는 것이다.

질투심을 경쟁력으로 전환시킨다

질투심은 서로의 발목을 잡아당기는 극히 비생산적인 인간의 감정이다. 그러나 발랄한 경쟁심은 그 조직의 구성원들로 하여금 앞을 향해 나아가도록 한다. 그리하여 인간이 가지고 있는 가장 생산적인 정열에 불을 붙이게 된다. 여기에는 당연히 생산적인 구성원들의 생각이 필요하다.

둘째로, 이러한 발탁에 의해 방침이나 체질 개선이 가능해진다.

가령 어떤 회사의 상무가 부사장이나 전무를 제치고 사장이 되었다고 하자. 그리고 새로운 사장이 취임하자 곧바로 문제점이 많던 부문에 대개혁을 단행했다고 하자.

이럴 경우, 연공서열에 의해 새 사장이 취임했다고 하면 그 사람은 전 사장을 가까이 모시면서 그와 똑같은 방침과 태도로 문제를 처리해 온 사람이므로 사장이 바뀌었다 하더라도 회사의 체질이나 방침을 대담하게 개혁할 수는 없다.

이것은 과장이나 부장의 단계에서도 마찬가지다. 한 부문의 업적이 나쁠 때는 대담하게 사람을 발탁하지 않고서는 그 부문의 체질은 근본적으로 개혁될 수 없다.

이렇게 발탁하는 용기를 가짐으로써 공평하고 객관적인 실적주의에 따라 사람을 보는 능력이 길러진다. 이것이야말로 현대를 사는 우리가 갖고 있어야 할 리더십의 첫째 조건이라 말할 수 있다.

문 44
인재 발탁에서 반드시 필요한 조건
은 무엇입니꺼?

 답
다음의 세 가지 가지 조건을 참작하면 인재 발탁에 실패는 없다. 그 조
건은 다음과 같다.

 해설
조직에서 인사 발탁은 공평하고 객관적이어야 하며, 또한 실
적주의에 따라야 한다.

인재를 공평하고 사심 없이, 객관적으로 평가하는 안목을 갖
지 않고 함부로 발탁을 하면 사내에는 불평불만이 팽배해지고,
혼란이 일어난다. 따라서 사람을 제대로 발탁하는 용기 있는 조
직체일수록, 아랫사람을 보는 리더의 눈은 진지하다.

이때 리더에게 있어 가장 중요시되는 문제는 어떠한 사람을
발탁할 것인가 하는 점이다. 다음 세 가지 사항을 지킨다면 인사
발탁에 실패하지 않을 것이다.

첫째, 그 사람의 과거의 실적을 평가해서 발탁하라.

과거의 실적이야말로 그 사람의 능력이나 잠재적인 능력의
객관적 척도가 된다.

그러나 지금까지의 실적만을 보고 기계적으로 발탁이나 강직

153

을 결정한다는 것은 위험한 일이다. 그 실적 속에서 남들이 알기 힘든 인간의 능력을 포착하는 안목이 리더에게는 필요한 것이다.

둘째, 직무에서 플러스알파의 인간을 발탁하라.

정규 직무를 그저 충실히 수행하기만 하는 사람이 있다면 그 것만으로는 발탁할 가치가 없다.

직무를 충실하고 완벽하게 수행하면서도, 그것에 더하여 직제에 정해 있지 않는 새로운 문제를 끄집어내서 해결해 보려고 하는 사람, 직무 이외의 특별한 임무를 기꺼이 책임지고 수행해 가는 사람이 아니고서는 발탁할 가치가 없는 것이다.

이것이 현대사회에 맞는 인사 발탁의 기준이다.

기업은 끊임없이 새로운 문제의 도전에 직면한다. 지금까지 제기되어 왔던 문제가 아니라 갑자기 새로운 문제가 일어나고, 이를 해결하지 않으면 안 된다.

이럴 때, 지금까지와 같은 방식으로서가 아니라 새로운 시각에서 사물을 보고, 이에 도전하려는 활력에 넘치는 인간이 절실히 요구된다고 할 수 있다.

새로운 문제를 해결할 수 있는 인재의 조건

셋째, 반발력 있는 인간을 찾아내어 발탁하라.

살아가다 보면 사람은 누구나 실패할 가능성이 있고, 따라서 찬밥을 먹지 않으면 안 될 때도 있다. 때로는 동료들과 사이가 벌어질 때도 있다.

사람이면 누구나 어느 시기에 역경에 처해지는 경우가 있다. 그런데 잘 나갈 때는 처신을 잘하다가도 역경에 처했을 때 의기소침해서 불만을 터뜨리거나 자포자기해 버리는 사람이 많다. 따라서 역경에 반발하는 기력이 없는 사람을 기용한다면 회사는 스스로 무덤을 파는 것과 같은 결과를 가져오게 된다.

설령 한때 실패하더라도 이를 만회하기 위해 필사적인 노력을 다하는 사람, 자기 실책이나 결점을 비판받는다 하더라도 이에 위축되지 않고 건설적이고 생산적으로 스스로를 바로잡아가는 사람, 동료보다 뒤떨어져 있다 하더라도 이를 뒤엎으려고 밤을 새워 애쓰는 사람만이 남들이 하기 어려운 일을 해낼 수 있다.

요컨대 불어오는 바람이 순조롭지 않을지라도 이를 견디면서 어떻게 해서든지 제 궤도에 올려놓을 수 있는 잠재력을 가진 사람이야말로 발탁할 가치가 있다.

특히 일반적인 상식이나 사회적인 고정관념에 반발력을 갖는 사고가 유연한 사람은 조직에서 귀중한 존재다.

위기에 강한 사람을 구별하는 방법은 무엇입니까?

위기에 강한 인간은 무엇보다도 이기주의자가 아닌 사람이어야 한다.

요트에 세 사람이 탔다고 하자. 바람이 순조롭고 파도가 없어 요트가 기분 좋게 질주하고 있는 사이에는 세 사람의 실력은 나타나지 않는다. 비바람 몰아치는 악천후를 만났을 때, 비로소 세 사람 가운데서 누가 더 요트에 숙련된 조타 능력을 가지고 있는지 판명된다.

얼핏 보아 순풍에 돛을 달고 있는 것과 같이 보이는 회사에서도 매일 크고 작은 위기가 닥친다. 제품에 관한 사고가 생겼다든가, 거래처에서 제품에 관해 불만을 제기하는 등의 문제가 발생한다.

조직을 변혁하려 하거나 새로운 관리 기술을 도입하는 때도 회사에 있어서는 하나의 위기가 된다.

회사 전체의 큰 위기는 회사가 심각한 자금 압박을 받고 있다든가, 업계의 경쟁이 치열해져 시장 점유율이 해마다 저하되는 등의 문제를 말할 수 있다.

이와 같이 어떠한 회사를 막론하고 항상 크고 작은 위기에 부딪히게 된다. 이러한 위기를 능동적으로 극복할 수 있는 사람이야말로 회사에서 적극적으로 발탁하지 않으면 안 될 인물이다.

위기에 강한 인간은 무엇보다도 이기주의자가 아닌 사람이어야 한다. 이기주의자는 회사 계획이 순조롭게 진행되어 갈 때는 팀워크를 이루어 잘해 나가지만, 계획이 벽에 부딪혀 상황이 불리하다고 판단되었을 때는 도피해 버린다.

전쟁에서 아군이 이기고 있을 때는 규율도 엄격히 지켜지고 애국심도 발휘되지만, 패색이 짙어 퇴각을 시작하면 모두가 이기주의자가 되어 나라나 군대를 생각하지 않고 오로지 자신의 생존을 위해 도망갈 방법을 찾는 데만 몰두하는 것과 같다.

이렇게 하나의 조직이 위기에 직면했을 때 인간은 누구나 이기주의자가 되기 쉬우며, 그렇게 되면 조직은 그만큼 빨리 붕괴되어 버린다. 그러나 위기에 강한 인간은 회사가 위기에 직면하더라도 조직에 대한 충성심을 잃지 않는다. 자기 자신만을 생각하는 이기주의자는 결코 할 수 없는 부분이다.

장애물을 뚫고 나갈 수 있는 사람

둘째로, 위기에 강한 인간은 앞을 가로막고 있는 장애를 뚫고 나아갈 길을 찾아내는 사람이다. 그 사람의 제안이 참으로 벽을

뚫는 데 효과적이기만 하면, 다른 사람은 타의든 자의든 저절로 따라온다.

따라서 자기 그룹이 당면한 위기를 해결할 아이디어를 찾아낼 수 있는 창의적인 사람은 위기에 직면하면 오히려 사기가 높아지고, 허둥지둥하는 다른 사람들에게 활력을 불어넣어 힘을 결집시키고, 마침내 위기를 벗어날 수 있게 하는 능력을 지니고 있다.

프로 야구에서도 팀 전체가 난조에 빠져 위기에 몰려 있을 때, 숨통을 터주는 결정적인 한 방을 때려주는 멤버가 있다.

보통 때의 타율이 낮을지라도 이러한 사람은 팀에 대한 공헌도가 높을 수밖에 없고, 따라서 귀한 존재가 되는 것이다.

위기일 때 자신의 숨은 능력까지 발휘할 수 있는 사람이 진짜로 능력이 있는 사람이라고 할 수 있다.

조직에서 터프한 사람은 어떤 매력이 있습니까?

 답 인기에 영합하지 않고 오로지 자신의 소신대로 움직인다.

 해설 보통 터프(tough)하다는 말을 많이 쓴다. 그런데 이것은 본래 권투 해설을 할 때 쓰던 말이다.

아무리 코에서 피가 나고 눈두덩이 부어올라 앞이 보이지 않을 정도가 되더라도 조금도 굴하지 않고 굳건하게 버텨나가는 것과 같은 태도를 가리키는 말이다. 그리고 사람들은 이러한 파이터를 좋아한다.

따라서 우리가 일반적으로 터프한 사람이라 할 때는 정신적·육체적으로 건강하고, 값싼 인정에 휘말리지 않는 사람을 가리킨다.

조직에서 정신적으로 터프한 사람은 먼저 조직에 대한 충성심이 강하고, 회사 이익을 무엇보다도 우선해서 생각한다. 목표나 표준, 품질, 경비 지출의 타당성 같은 문제가 생기더라도 값싼 인정에 영합하지 않는다.

가령 이런 예를 보자. 어떤 직장에서 6시가 종무시간이라고 할 때, 종무 15분 전이 되면 모두가 퇴근할 채비를 한다.

관리자 중에서는 요즘 젊은 사람들은 어쩔 수가 없어! 하고 그냥 보아 넘기는 사람이 있다.

만약 중간관리자가 그러한 태도를 취한다면 이런 관행이 묵인되어 웬만해서는 바로잡기가 힘들어진다. 이러한 경우에 값싼 인정에 영합하지 않는 것이 터프한 것이다.

터프한 사람은 언제나 자기 주관이 뚜렷하다. 남의 눈치를 보아가며 옳고 그름을 판단하지 않는다.

"퇴근 시간을 올바르게 지킵시다!" 하고 상하부에 당당하게 말할 수 있는 사람이 한 사람이라도 있다면, 이런 자세가 문제화되어 전체 의견을 수렴하는 회의라도 열릴 것이다.

그러나 여러 가지 이유로, 예컨대 공연히 나섰다가 망신당할까 봐, 또는 '에이, 좀 봐주자' 하고 보아 넘기는 값싼 인정주의 때문에 그냥 넘어가는 경우도 적지 않다. 사실 이러한 인정주의에 빠지기 쉬운 것이 인간의 약점이다.

합리적인 예측이나 판단을 불가능케 한다

그러나 이런 직장에 새로운 사장이 취임했다고 가정해 보자. 그러면 전임자의 방침이 새로운 환경 변화에 의해 달라져야 함에도 불구하고, 이것을 곧바로 고치면 전임자의 체면이 깎일 것을 걱정한다. 그래서 경영자들은 지금까지의 방침을 답습함으로써 전임자의 체면을 세워주기도 하는데 이것도 인정주의의 하나이다. 이렇게 해서 잘못된 전임자의 방침이 새 사장의 취임에도 불구하고 그대로 답습되는 경우가 많다.

이러한 인정주의는 합리적인 판단이나 예측을 불가능하게 하므로 바람직한 자세라 할 수 없다.

값싼 인정에 영합하지 않는 터프한 인간은 조직에 충성심이 강하고 정의감이 투철하며, 불합리한 손실은 도저히 보아 넘기지 않는다.

터프한 사람은 옳지 못한 상사나 동료 의견에 정면으로 반대하거나, 정실 인사에 반대 의견을 말하는 용기를 지니고 있다. 그러나 이러한 경우에도 상대방과의 사이에 감정의 응어리를 남기지 않는다.

비 온 다음에 땅이 더 굳어지는 것처럼, 상사에 대한 충성심과 동료에 대한 협력심을 그전보다 더 돈독히 하려 노력할 것이다.

이러한 사람은 인정주의자나 온정주의자에게는 별로 인기가 없을지 모른다. 그러나 그러한 인기 없음을 이유로 터프한 사람을 등용하지 않는 리더는 남의 위에 설 자격이 없다고 하겠다.

문제와맞설 수 있는 사람의 특징은 무엇입니까?

 현재는 물론 미래에 대해서 창의적이고 도전할 수 있는 사람이다.

 회사 리더급이 되면 애사심도 강해진다. 자기의 책임량이 늘어나고, 부하 직원을 관리할 일이 더욱 커지므로 회사의 사활이 곧 자신의 사활이라고 생각하게 되는 것이다. 그래서 누구나가 리더로서의 자기 직무를 충실히 수행하고 있는 것이 보통이다.

그러나 자기가 하고 있는 업무에 대한 주도권을 갖는 것을 꺼리는 사람이 있는데, 이런 타입의 리더 밑에서는 부하 직원들이 무책임하게 되며, 업적 또한 오르지 않는다. 그러므로 다음과 같은 타입의 리더를 조심하라.

첫째, 무조건 명령 복종형의 리더.

이러한 타입의 리더는 상사로부터 명령이 있으면 그 명령에는 충실히 복종하고, 부하 직원에게 필요한 전달을 하거나 필요한 설명을 하거나 한다. 그러나 그것밖에 하려 하지 않는다. 리더로서 자신의 직무는 위에서 아래로 내려가는 명령의 전달에 지나지 않는 것으로 생각하며, 그것이 리더로서 해야 할 모든 것이라고 생각해 버리는 것이다. 따라서 위로부터의 명령이나 지시가 없으면 스스로 행동하려고 하지 않는다. 의외로 이러한 리더가 많다.

둘째, 부하 직원 개입형의 리더.

이러한 유형의 리더는 부장이면서 부장의 일을 하지 않고, 과장이면서 과장의 일을 하지 않는다. 언제나 부하 직원이 하는 일에 잔소리를 해대거나 부하 직원의 일을 자기가 직접 처리해 버리는 것이다. 부하 직원의 일에 개입하는 것이 리더의 직무라고 생각한다. 이러한 유형의 리더는 부하 직원이 스스로 생각해서 결정한 문제를 가지고 오는 것을 좋아하지 않는다.

모든 문제를 상사에 돌리는 부하

부하 직원의 권한 범위 내에 속한 것이든 아니든 간에 무엇이든 자기에게 먼저 상담해 오는 부하 직원을 좋아한다. 부하 직원이 자기 권한 범위 내에서 자기의 책임으로 자주적으로 처리해 나가면 오히려 싫어하는 것이다. 부하 직원으로서 상사의 마음에 들고 싶어하는 것은 당연한 일이 아니겠는가.

그러므로 이러한 리더 밑에서 일하는 사람들은 자기가 어떤 문제에 책임을 지고 결정하는 것과 같은 일은 하지 않으려 한다.

모든 문제를 상사에게 가져가는 것이다.

이렇게 되면 상사는 아래로부터 올라오는 문제 처리에 쫓겨 리더로서의 본래 직무는 아무것도 할 수 없게 된다.

이러한 경우, 자기보다 급료가 싼 부하 직원의 일을 고급인력인 리더가 인수한 꼴이 되므로 회사로서는 인건비의 커다란 손실을 감수해야 한다. 이런 유형의 리더는 이 자명한 사실을 전혀 깨닫지 못하고 있는 것이다.

진정 능력 있는 리더란 스스로 주도권을 잡고 문제를 발견하고, 그 문제 해결을 위한 계획을 세워 실행해 가는 창의적인 리더여야 한다. 그때그때 시점에서 어디에 문제가 있는지를 스스로 발견해 가는 것이 주도권을 잡는 것이다.

당신이 주도권을 잡을 수 있는 사람이 되려면 어떠한 능력이 필요한지를 잘 파악하는 것이 우선이다.

회사와 일체감을 갖고 주도권을 잡으려는 리더의 조건은?

답 첫째, 자기 부문의 일을 둘러싸고 있는 경제적·기술적 또는 사회적 조건이나 환경 변화를 통찰하는 능력이다. 둘째, 명확한 목표의식을 갖는 능력이다.

해설 매일같이 출퇴근을 하여 하루 종일 회사에서 지내는 사람인 데도 어쩐 일인지 자신의 회사에 대해 시종 불만을 품고 사는 사람이 많다.

우리 부장은 어떻고, 과장은 또 어떻고, 회사는 왜 나의 능력을 제대로 인정을 안 해주는가, 회사 방침은 마음에 안 든다는 등 동료들과 불평불만을 조장하는 것에 재미를 붙인 것처럼 행동하는 사람이다.

하지만 이런 사람은 회사에서 얼른 퇴출시켜야 할 적색분자이다. 모름지기 자신이 다니는 회사와는 일체감을 가져야 바람직한 직원상이라 하겠다. 이런 사람은 직원으로서의 자격도 실격이지만, 결코 리더의 자리를 차지할 수가 없다.

회사와 일체감을 갖고 스스로 주도권을 잡는 리더가 되려면,

다음과 같은 능력을 갖추어야 한다.

첫째, 자기 부문의 일을 둘러싸고 있는 경제적·기술적 또는 사회적 조건이나 환경 변화를 통찰하는 능력이다.

그러기 위해서는 여러 가지 보고나 기록 또는 정세 변화에서 이미 발생되어 있는 문제나 장차 심각한 문제로 발전할 가능성이 있는 것의 조짐을 알아차리거나 또한 이들 문제에 관해 해결할 수 있는 능력이 있어야 한다.

둘째, 명확한 목표의식을 갖는 능력이다.

회사 안에서는 누구나 눈앞에 닥쳐 있는 일에 쫓기어 명확한 목표의식을 잃기 쉽다.

목표의식이 없으면 문제를 발견할 수 없다

따라서 목표의식이 명확하지 않으면 아무리 보고서를 읽거나 기록을 조사하더라도 문제를 발견할 수 없다. 문제의 발견이란, 요컨대 달성해야 할 목표와 환경이나 조건 사이의 갭을 찾아내는 것이기 때문이다.

목표와 실적 또는 예측과의 사이에 놓여 있는 갭을 발견하고, 이를 메우기 위한 의사를 결정해야 한다. 생산품의 불량률이 증가하거나 기능공의 퇴사율이 증가하는 것 같은 경우, 리더가 명확한 목표의식을 가짐으로써 비로소 분명하게 문제를 파악할 수가 있다. 보통 회사의 목표는 수익의 창출이거나 서비스이다.

그리고 이렇게 정확하게 문제가 파악될 때는 이미 무엇을 해야 할 것인가 하는 해결책이 결정된다. 이렇게 항상 문제에 대한 주도권을 잡을 수 있는 인간이야말로 회사의 성장성과 수익성에 보다 크게 공헌할 수 있는 유능한 인재이다. 그러나 실제로 이렇게 주도권을 잡아나가는 리더는 극히 드물다.

그 이유는 첫째, 조금 문제가 커지면 그 문제의 해결은 다른 부문에도 영향을 미치고, 따라서 문제에 관해 주도권을 잡으려 하면 다른 부문으로부터 여러 가지 저항이나 비협조적 태도로 도전받는 경우가 많아지기 때문이다.

둘째, 그 문제가 처음 등장된 것이거나 조금 복잡한 문제일 경우에는 그 문제의 해결책이 과연 성공할 수 있을 것인가 하는 위험이 따르게 마련이고, 그러한 위험을 스스로 부담하면서까지 나서려는 사람이 드물기 때문이다.

문제가 일어나면 자기가 주도권을 잡지 않았다고 책임을 회피하는 것만을 생각한다. 그러므로 명확한 목표의식을 갖고 환경의 변화를 통찰하면서 문제를 발견하는 능력을 지니고 있다고 하더라도, 앞장서서 주도권을 잡으려 하지 않는다.

문 49 유능한 사원의 조건은 무엇입니까?

 상사가 낸 아이디어나 기획을 팔 수 있는 사원이다.

 회사가 아무리 좋은 상품을 만들어 낸다 하더라도 그것이 소비자에게 팔리지 않는다면 그 회사는 존재할 수가 없다. 마찬가지로 회사 안에서도 자기의 아이디어나 제안을 상사나 다른 부문의 동료에게 팔아넘길 수 있는 인간인가 아닌가가 발탁의 중요한 기준이 되지 않으면 안 된다. 아무리 좋은 아이디어를 내고 있는 사람이라 하더라도 이를 상사에게 팔아넘길 수 있는 인간이 아니라면, 결코 상사는 이를 알아낼 수가 없다.

또한 간부가 많은 시간을 들여 조사해서 좋은 아이디어를 낸다 하더라도 그 아이디어를 자기 상사나 라인 부문의 동료에게 팔아넘길 수가 없다면 그 조사는 아무런 쓸모가 없게 된다. 따라서 유능한 사원은 아이디어나 제안이나 기획을 팔아넘길 수 있는 뛰어난 세일즈맨이어야 한다. 그래야만 그 아이디어를 회사가 채택할 수 있고, 채택해서 실행해 보아야 그 가치를 알 수 있기 때문이다. 그러므로 세일즈맨이 일반 고객에게 상품을 파는 것과 똑같은 세일즈맨십이 발휘되어야 한다.

세일즈맨이 상품을 팔 때에는 무엇보다도 먼저 상대방으로 하여금 상품에 대한 관심을 갖도록 할 것이다. 마찬가지로 우수한 사원은 어떻게 해서든지 상사나 동료가 자기 아이디어나 제안에 관심을 갖지 않을 수 없도록 만들어 놓아야 한다.

상대방이 조금이라도 관심을 나타내면 세일즈맨은 그 상품의 특성이나 상품을 사용했을 때의 효과를 정확히 설명해서 매력을 강조한다.

사내에서 아이디어를 팔아넘길 경우에도 자기 조사나 아이디어 그리고 제안을 명쾌한 문장으로 작성하는 능력이나, 이를 정확하고 요령 있게 설명할 수 있는 능력을 갖추지 않으면 안 된다.

그리고 다시 그 아이디어를 실행했을 경우에 어떠한 결과를 얻을 수 있는지, 당면한 문제를 어떻게 해결할 것인지 하는 아이디어의 세일링 포인트를 정해 이를 강조해야 한다.

이때 상대방에게 일방적으로 설명하는 것만으로는 유능한 세일즈맨이라고 할 수 없다. 아이디어를 사느냐, 사지 않느냐는 결국 상대방이 결정할 문제이다. 열심히 설명하지 말라는 말이 아니라 설명은 설득력 있게 해야 한다는 말이다.

상대방의 생각에 정확한 질문을 할 수 있는 사람

따라서 상대방의 생각이나 의문에 대하여 정확한 질문을 하거나 또는 상대방의 의견이나 요망을 열심히 들어주는 귀를 가지고 있어야 하는 것이다.

끝으로 상품을 팔아버리는 것만으로는 우수한 세일즈맨이라고 할 수가 없듯이, 사내에서 아이디어나 제안이나 기획이 채용되어 실행되면 제안자는 그 성과를 확인하고, 필요하면 애프터서비스도 해야 한다.

이렇게 해서 그 부문의 요구가 만족될 수 있도록 하지 않으면 안 된다.

애프터서비스까지를 생각하는 사람이야말로 상사나 다른 부문에 대해서도 아이디어를 팔아넘길 수 있는 훌륭한 세일즈맨이다.

팀워크가 좋은 사람의 조건은 무엇
입니까?

답 첫째, 자기의 수비 범위를 지키는 사람이어야 한다. 둘째, 단순한 동조
주의자가 아니라 개성과 창조성을 지닌 사람이어야 한다. 셋째, 우정
과 신뢰감이 두터운 사람이어야 한다.

해설 세상에 독불장군은 없다. 이것은 아무리 위대한 업적을 남긴
사람도 결코 자기 혼자만의 업적은 아니라는 말과 통한다. 회
사에서는 특히 혼자 끝낼 수 있는 일이란 거의 없다. 두 사람
이상 협력에 의해 업무를 달성하지 않으면 안 된다.

따라서 자기의 부하 직원이 제대로 팀워크를 할 수 있는 사람
인가 아닌가를 간파하는 것이 그 사람을 리더로 등용하려 할 때
살펴보아야 할 가장 중요한 점이다. 바꿔 말해서 리더는 팀워크
를 잘할 수 있는 사람이라야 한다.

그러나 대부분의 경우, 그저 사교성이 있는 사람이나 동조주
의자가 팀워크가 좋은 사람으로 착각되고 있다. 사원들끼리 모
여 친목회 같은 모임을 갖거나 야유회를 가거나 할 때는 가능할
수도 있다. 그러나 일을 하는 경우에는 그러한 인간은 의외로 팀

워크에 도움이 되지 못한다. 팀워크가 좋은 사람이 되려면 다음과 같은 조건을 갖추지 않으면 안 된다.

첫째, 자기의 수비 범위를 지키는 사람이어야 한다.

예를 들어 복식 테니스의 경우에는 팀워크 여하가 승패를 결정한다. 그리고 팀워크는 무엇보다도 자기의 수비 범위를 지키느냐, 지키지 못하느냐에 달려 있다. 전위가 자기의 수비 범위에 들어온 공을 자꾸 놓치면 후위는 전위의 수비 범위까지 신경을 쓰면서 게임을 운영해야 하고, 이렇게 되면 이번에는 자기도 자칫 실수를 범하지 않을 수 없다.

제멋대로 다른 부문을 간섭하지 않고 자기의 직무를 정확히 수행하면서, 여력이 있고 꼭 필요한 경우에 한하여 다른 부문에 조언을 하거나 원조를 하는 사람이 팀워크를 위해 반드시 필요하다.

수비범위를 지키는 사람

수비 범위를 지키는 인간이란 자기 직무에 관한 정보 분석이나 수집에 능하고, 자기 직무에 관한 한 누구로부터 어떠한 질문을 받더라도 바로 대답할 수 있을 정도의 지식을 갖추고 있는 사람이다. 이렇게 전문 지식에 밝은 사람일수록 팀워크에 도움이 된다.

또한 보고의 경우에도 어디까지나 상대방의 입장을 생각하고 보고하는 사람, 회의에서도 혼자 발언을 독점하지 않고 다른 사람에게도 발언의 기회를 주는 사람이 바람직하다.

둘째, 단순한 동조주의자가 아니라 개성과 창조성을 지닌 사람이어야 한다. 개성이 없고, 자기 나름대로의 생각이 없고, 자기의 아이디어도 없이 무엇이든지 다른 사람이 말하는 바에 그대로 따르려고 하는 동조주의자는 팀워크에 기여하지 못한다. 동질적인 사람이 모인 팀에는 플러스가 없다. 이질적인 사람이나 개성 있는 사람을 모아 통합해 가는 데에 그 조직의 장점이 있는 것이다.

셋째, 우정과 신뢰감이 두터운 사람이어야 한다.

팀워크란 여러 사람이 함께 한마음으로 일하는 것이다. 여러 사람이 함께 일하려면 서로가 서로를 믿는 인간적 신뢰감을 가져야 한다. 이러한 사람이어야만 동료 사이에서뿐만 아니라 상사나 부하 직원과의 관계에서도 팀워크를 제대로 이루어 갈 수 있다.

이기는 리더의 자질

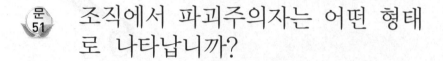

 ## 조직에서 파괴주의자는 어떤 형태로 나타납니까?

답 두 가지 형태로 나타난다. 하나는 트러블 메이커형이고 또 하나는 무정부주의자형이다.

 회사에 있어서는 생산이나 판매, 기타 업무가 원활한 흐름으로 흘러가게 하는 것이 리더십의 중요한 요소다.

만약 실수가 많거나 불필요한 대립이 빈번하고, 원활한 흐름을 저해하는 인물이 있으면 그룹의 생산성은 떨어지고, 구성원들의 사기는 급격히 저하된다.

이런 파괴주의자는 두 가지 유형이 있는데, 첫째가 파이프 속의 장애물처럼 원활한 흐름을 멈추게 하는 행동을 하는 '트러블 메이커' 가 있다.

이런 사람이 있다면 회사와 조직은 그야말로 위기에 빠진다. 리더는 이런 사람을 색출하여 조직의 균형을 되찾는 데 총력을 기울여야 한다.

리더는 상사와 부하 직원의 입장에서, 또는 인간 대 인간의 입장에서 충분한 대화를 나눔으로써 그 태도나 사고방식을 개조하도록 해야 한다.

자기 개조가 효과를 나타내려면 상당한 기간이 필요하다. 그러나 그 기간이 지났음에도 태도가 고쳐지지 않을 때는 단호한 징벌적 조치를 취해야 한다.

두 번째는 무정부주의형으로, 이런 사람은 일체의 규율이나 질서, 관행을 무시하고 개인에게 완전한 자유가 있는 것처럼 행동하는 사람이다.

흔히 대학에서 질서와 학칙을 무시하는 학생들의 행패를 보게 되는데, 회사에서도 이러한 무정부주의자와 비슷한 행동을 하는 파괴분자들이 있다.

예컨대 정해진 보고의 경로를 무시하거나, 다른 부문의 일에 간섭하거나, 안하무인격으로 맞서고, 규율이나 권한 관계도 무시하고 행동한다.

이러한 사람들은 조직 속에 있으면서 조직을 무시하는 인간들이라 할 수 있다.

이런 사람들은 회사 유력자의 지지를 받고 있는 엘리트인 경우도 있고, 회사를 주름잡고 있는 특정 학벌이나 지연 속에 속하는 사람들에게서 흔히 볼 수 있다. 잘못된 엘리트 의식이 그렇게 만든 것이다.

그러나 이러한 무정부주의형이 회사 안에 활개치고 다니면 조직은 혼란에 빠지고, 다른 사람들의 사기는 저하될 것이다.

방해형 인간의 특징

한편, 방해형이란 자기가 낸 의견이 받아들여지지 않거나 하면 여러 가지 방해 행위를 일삼는 사람을 말한다.

이런 유형은 완고한 성격을 갖고 있는 사람들이 대부분이다. 고집스럽게 자기주장만 옳다고 우기면서 다른 사람의 의견은 받아들이려 하지 않는 것이다.

계획이나 방침이 결정되기 전에 여러 가지 의견을 제시하는 것은 좋은 일이다. 그러나 일단 하나의 방침이나 계획이 최종적으로 결정되어 실행 단계로 옮겨지게 되면 모든 사람의 일치협력이 필요하다.

그럼에도 불구하고 완고한 개성을 지닌 방해형의 인간은 실행에 옮겨진 다음에도 그 방침이나 계획에 협력하질 않는다. 이러한 인간이 단 한 사람이라도 있으면 계획의 원활한 실행은 당연히 어렵다.

여러 사람의 의견을 수렴하면서 물이 흐르듯 업무가 진행되어야 하는데, 마치 파이프가 오물에 막혀 버리는 것처럼 일이 제대로 수행되지 못하게 된다.

무릇 리더는 이런 무정부주의형이나 트러블 메이커 등 파괴주의자들을 색출해 내야 한다.

특별한 형태의 트러블 메이커는 어떤 형입니까?

답

첫째, 부장이나 과장의 지위에 안주하면서 현상 유지만을 제일로 삼는 사람들이다. 둘째, 규칙 및 규정이나 절차만을 끄집어내 새로운 기획에 훼방을 놓는 관료형이다. 셋째, 그 지위가 요구하는 능력을 지니지 못한 부적임자형이다.

해설

회사 업무의 흐름은 결코 현상 유지의 상태에서 이루어지는 것이 아니다. 끊임없이 앞을 향하여 파이프의 물이 흘러나가야 한다.

이러한 흐름을 저해하는 사람은 비단 앞에서 말한 무정부주의형이나 방해형의 트러블 메이커만이 아니다. 다음과 같은 세 가지 타입이 또 다른 트러블 메이커가 된다는 것을 주의하지 않으면 안 된다.

첫째, 부장이나 과장의 지위에 안주하면서 현상 유지만을 제일로 삼는 사람들이다.

우리 사회에서는 아직 강직降職의 제도가 확립되어 있지 않다. 따라서 부장이나 과장의 지위는 일종의 기득권처럼 생각되기 쉽다.

과장이나 부장의 지위를 획득할 때까지는 그들은 남보다 더 공부하고, 남보다 더 노력해서 업적을 쌓는다. 그러나 일단 리더의 지위에 앉으면 긴장이 풀려서인지 그 자리에 안주하려 드는 경향이 있다.

의자에 비스듬히 앉아 마치 자기가 큰 벼슬이나 하는 것처럼 결재나 하려 들고, 의욕적으로 문제를 찾아내고 이를 해결하려는 진취적 기상이 자취를 감추어 버린다.

따라서 부하 직원의 새로운 제안에는 무관심하며, 회사의 새로운 방침이나 기획에 대해서도 적극적으로 협력하려 들지 않는다.

안주형 리더와 관료형 리더

이런 안주형의 리더야말로 회사가 앞을 향해 나가는 원활한 흐름을 저해하는 트러블 메이커이다. 앞을 향해 나아가는 사람들과 대립하거나 충돌하기 때문이다.

이러한 경향을 타파하기 위하여 어떤 회사에서는 부장·과장은 그 지위에 5년 이상 머무를 수 없다는 것을 회사의 규정으로 정하고 있다.

이른바 계급 정년제인데, 부장이나 과장의 지위를 기득권으로 생각하는 관행을 고치고 안주형 리더를 배제하기 위한 것이다.

둘째, 규칙 및 규정이나 절차만을 끄집어내 새로운 기획에 훼방을 놓는 관료형이다.

의욕적으로 새로운 일을 밀고 나가려는 사람이 있으면 규칙이나 규정, 절차나 관행을 내세워 도전적인 의욕에 찬물을 끼얹으려고 한다.

이 관료형의 인간 또한 전진적이고 행동적인 인간과의 사이에 충돌을 일으키기 쉽다. 여기에는 상호 진지한 대화가 필요하다.

셋째, 그 지위가 요구하는 능력을 지니지 못한 부적임자형이다.

직무와 능력이 일치하지 않기 때문에 그 사람의 업적 목표는 달성되지 못하며, 판단력 부족으로 인해 잘못된 결정이 많고, 결정 처리가 늦어진다.

이 때문에 다른 부문과의 보조가 맞지 않는다. 부문 사이의 균형이 무너지고, 회사 전체의 원활한 흐름을 저해하는 원인이 되는 것이다.

이러한 소극적인 트러블 메이커의 발생을 방지하기 위해서는 승진이나 승격 등 인사가 철저하게 능력 위주로 이루어져야 하고, 항상 직무와 능력이 일치하도록 하는 제도적 장치가 마련되어야 한다.

무능한 리더는 어떤 형의 리더입니까?

 무능한 리더는 다음의 6가지 유형이 있다. 해설에서 하나씩 살펴보자.

 회사의 수익성이나 성장성이라고 하는 기업의 목적에 공헌한 바 없는 무능한 리더가 단지 사교성 때문에 위로부터 인정을 받는 경우도 있다. 반대로 조직의 충성심이 강한 유능한 리더가 언제까지나 빛을 보지 못하는 경우도 있다.

이러한 불합리가 만연하다면 회사는 쇠퇴의 길을 걸을 수밖에 없다. 따라서 유능한 인재를 찾아내는 것 못지않게 무능한 리더를 적발해 내는 능력 또한 리더로서의 불가결한 요소이다.

무능한 리더에는 다음과 같은 여섯 가지 유형이 있다.

첫째, 팀장이나 과장 또는 부장이라는 관리직에 올라 있어도 평사원 기질을 벗어나지 못하는 사무가 타입이다.

일로서 자기를 살리려는 욕구를 잃어버리고, 회사의 주류에서 밀려났을 때는 서류나 전표의 정리에 몰두하고, 그 이상의 일을 하려 하지 않는다. 그들은 회사의 주류에서 밀려났다는 허무감을 잡다한 사무 처리로 달래려 한다.

둘째, 회의에만 몰두하는 회의형이다.

일에 대한 의욕을 잃은 허무감을 달래기 위해 될 수 있는 한 많은 회의에 참석하려 드는 유형이다. 이런 리더는 자기 책임으로 결정·처리하지 않으면 안 될 문제도 회의에 돌려 모두의 책임으로 해서 자기의 결정에 대한 책임을 회피하려 한다. 회의에 돌려버리는 것보다 수월한 책임 회피의 방법은 없기 때문이다.

셋째, 자기의 직무보다 결혼식 등 여러 가지 의례적인 행사에 참여하는 것을 최우선으로 생각하는 의례형이다.

자기 일에서 성과를 내려고 하지 않는 리더

자기 일에서 무엇인가 중요한 성과를 달성하려는 의욕이나 무엇인가를 이룩했다고 하는 성취감을 느끼지 못하는 사람들은 그러한 의례적인 행사에 참여함으로써 회사에서 자기의 얼굴을 세우려 한다.

넷째, 사내의 정치 투쟁에만 열의를 불태우고, 정치 투쟁이 없으면 허탈 상태에 빠지는 정치투쟁형이다.

그들은 사내의 파벌 투쟁이나 리더 사이의 대립·충돌 등이 있으면 바야흐로 살맛을 느끼지만, 그런 것이 없을 때에는 상사나 동료를 헐뜯고 다니거나 근거 없는 소문을 퍼뜨린다.

다섯째, 타부문의 일에 대해 이것저것 마구잡이로 간섭하는 간섭형이다.

그들은 자기 부하 직원이 하는 일에 대해서도 필요 없는 잔소리를 하고, 정작 자기 직무에 대해서는 성과를 올리려 하지 않는다.

여섯째, 사람을 만나기만 하면 붙잡고 회고담을 늘어놓는 회고형이다.

옛날에는 이 회사도 좋았다고 하면서 시종일관 과거 자기 업적만 자랑하는 사람이 있다. 그리고는 그러한 업적에 대해서 회사는 자기에게 보답해 주지 않았다고 투덜대면서, 지금 자기가 업적을 올리지 않는 것은 그러한 회사를 도와보았자 은혜를 모를 것이기 때문이라고 큰소리치는 유형이다.

당신은 이와 같은 무능한 리더가 될 것인가 한번 잘 생각해 보라.

사원이 무능하게 되는 주요한 원인은 무엇입니까?

문 54

답

능력이 부족해서가 아니라 심리적 요인이 더 크다.

해설

리더가 무능하게 되어버리는 것은 반드시 그 사람에게 능력이 없어서가 아니다.

책임 있는 일에 최대한 자기를 살리려고 하는 자기 발현의 욕구를 충족시키지 못한 채 좌절감 또는 퇴행 증상을 일으키고 있거나, 자기 발현의 욕구가 비뚤어진 방면으로 발휘되어 가는 경우가 있다.

리더가 유능한가 아닌가, 리더가 회사의 이익과 성장에 공헌하는가 아닌가는 그 사람의 능력에 달려 있다기보다 오히려 스스로 자기 발현 욕구를 잃어버렸는가 아닌가, 또는 자기 발현 욕구를 비생산적인 방향으로 발휘하고 있는가 아닌가에 의해 좌우되는 경향이 있다.

그중에는 자기는 영영 인정받지 못할지 모른다, 혹은 언제까지나 회사로부터 정당한 보답을 받지 못할 것이라는 불평불만에

싸여 있거나, 동료나 부하 직원을 떳떳한 얼굴로 대할 수 없다는 열등감에 사로잡혀 있는 사람도 있다.

이러한 심리적 요인을 가진 리더는 새로운 일에 대한 도전의 욕을 잃고, 일상의 정해진 일에만 몰두하면서 괴로움을 잊으려 하기 때문에 점점 일은 서툴어지고, 급기야는 정말 무능한 리더로 전락해 버리고 만다.

그러나 조직으로서는 이렇게 무능한 리더를 그대로 두어서는 안 된다. 왜냐하면 이러한 심리적 병이 심해지면 그 사람은 상사나 회사에 대한 반항심을 갖게 되고, 나아가 조직 전체에 퍼지는 암적인 존재로 커지기 때문이다.

무능한 리더의 반항적인 자세

그러나 대개의 경우, 리더의 반항심이 노골적으로 발휘되는 경우는 드물다. 그것은 감추어진 양상으로, 그리고 책임을 회피할 수 있는 형태로 이루어진다.

이를테면 정해진 기일까지 계획서나 보고서를 제출하지 않거나, 어떠한 과제가 주어져도 차일피일 붙들고만 있을 뿐 명확한 결론을 내리려 하지 않는다. 그 때문에 그 리더의 참여를 불가결의 요소로 삼고 있는 전체의 흐름이 멈추어지는 것이다.

더욱 해로운 것은 부하 직원을 못살게 굴거나 근거 없는 소문을 퍼뜨리는 일이다. 그리고 부하 직원이나 종업원의 규율이나 규칙 위반에 대해서도 엄격한 태도를 취하지 않고 보아도 못 본 체, 알아도 모른 체해 버리는 것이다.

최후에는 회사의 돈, 시간이나 인재라고 하는 귀중한 자원을 올바르게 사용함으로써 성과를 올리려 하지 않고 방만하게 낭비하는 형태로 회사에 반항하기도 한다.

이러한 심리적인 병을 가진 리더는 일에 열의를 가질 수가 없다. 신이 날 수가 없는 것이다. 그 결과, 그가 맡고 있는 일의 성과나 업적은 기준 이하가 될 수밖에 없다.

그러한 실적 때문에 그런 리더는 동료나 상사에 대해 점점 위축되게 되고, 내적으로 불만이 쌓여 회사에 대해 숨은 반항을 일삼는 악순환이 되풀이되는 것이다.

리더나 사원이 무능하게 되는 것은 능력이 없어서가 아니라 오히려 이러한 심리적 병의 악순환 때문임을 이해하고, 그 조짐을 빨리 포착해서 대책을 강구해야 한다.

"공정하지 않은 지도자는 발톱과 이빨을 버린 호랑이와 같아서 부하를 뜻대로 움직일 수 없다."

중국의 한비자가 한 말이다.

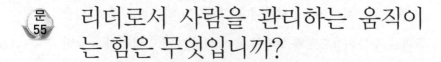

리더로서 사람을 관리하는 움직이는 힘은 무엇입니까?

답 리더로서 사람들을 관리하고 움직이는 힘은 두 가지 심리 요인에 의해 결정된다.

첫째, 리더 자신이 무엇인가 회사에 공헌하는 일을 하고 있다는 의식.

둘째, 현재 회사를 구성하고 있는 리더의 한 사람이라고 하는 의식. 이두 가지 심리 요인이 갖추어졌을 때, 그는 활발하고 적극적으로, 유능하게 행동한다.

해설 리더의 사기가 높아지면, 조직의 생산성도 높아진다. 리더는 조직의 윤활유와 같은 존재이며, 그 직책에 따라 적게는 몇명에서부터 수천 명의 아랫사람을 관리해야 하는 경우도 있다.

그렇기 때문에 리더 자질을 가진 사람이 리더 자리에 앉아 있어야지, 마치 고목과 같이 더 이상 열매를 맺지 못하는 무능한 사람은 과감히 잘라내야 조직이 살 수 있다.

리더로서 사람들을 관리하고 움직이는 힘은 두 가지 심리 요인에 의해 결정된다.

첫째, 리더 자신이 무엇인가 회사에 공헌하는 일을 하고 있다는 의식.

둘째, 현재 회사를 구성하고 있는 리더의 한 사람이라고 하는 의식.

이 두 가지 심리 요인이 갖추어졌을 때, 그는 활발하고 적극적으로, 유능하게 행동한다.

그러나 이 두 가지 요인 중 어느 하나라도 없다고 생각될 때 그 리더는 실망하고, 불만에 싸이고, 번민한다.

회사에 공헌은 하고 있지만 다른 리더들로부터 따돌림을 당하고 있다고 생각될 경우, 또는 자기는 리더 중의 한 사람이라고 하는 의식은 가지고 있지만 회사에 아무런 공헌도 하지 못하고 있다고 생각될 경우, 그 리더는 번민하게 된다.

그들은 회사의 방침이나 계획의 결정을 둘러싼 의사 결정의 흐름에서 격리된 '고목' 인 것이다. 이러한 사람은 임원 중에도 있고, 공장에도 있으며, 영업소에도 있다.

회사에서 고목을 버리는 방법

그렇다면 회사에서 리더나 사원은 어떠한 방법으로 고목이 되어 버리는가.

상사의 명령을 받은 한 사람이 장시간 애써 조사 보고서를 제출한다. 그러나 그 보고서는 상사의 책상 위에서 뿌옇게 먼지가 쌓이지만 상사는 들쳐보려고도 하지 않는다.

그 사람에게 격리 작용이 시작된 것이다. 회의에서 보고할 기회가 주어지더라도 모두가 침묵만을 지키고 관심이 없어 보일 때 그 사람은 무시되고 있으며, 격리 작용은 진행된다. 당연히 이런 격리 작용은 개인으로서는 견디기 힘든 치욕이 된다.

그 사람 지위에서 볼 때 납득되지 않는 특별한 일이 맡겨지는 것도 그렇다. 임원이 주차장 관리를 명령받았거나 조사역이라는 한직閒職으로 쫓겨가거나 지방으로 좌천되는 것도 하나의 격리 작용이다.

이렇게 해서 사람들은 회사의 의사 결정 흐름에서 격리되고, 회사 안에서 고목이 되어가는 것이다. 조직이라는 것이 있는 이상 이러한 고목 같은 사람은 반드시 생겨난다.

그러나 이를 방치해 두면 무능한 고임금자만 점점 늘어나 회사 전체가 노쇠병에 걸리게 된다. 회사로서는 인건비의 손실만을 가져오는 것이 아니다. 인재의 효율적 활용이라는 면에서 보더라도 대단한 손실인 것이다.

고목인 사람들은 회사에 대하여 속으로 반항심을 갖게 되고, 젊은 사원에 대해서도 기분 나쁜 감정으로 대하기 쉽다. 그래서 젊은 사람들의 제안이나 의견도 묵살하게 되고, 무관심하고 냉혹한 태도를 취한다. 이러는 사이에 회사 전체가 활력을 잃어버린다.

조직을 멍들게 하는 고목은 어떤 사람입니까?

 조직과 융화하지 못하고, 사원들과 원활하게 소통이되지 않는 사람이다.

 고목은 죽은 것 같지만, 그러나 아직 숨 쉬고 있다. 그래서 더욱 위험하다.

고목이 되어버린 리더는 대개 숨은 반항심을 가지고 있어서, 그 때문에 경영자는 의사결정에 필요한 정보나 데이터를 빠르고 정확하게 얻을 수 없는 상태가 된다.

또 회사로서 새로운 사업이나 새로운 프로젝트에 손대려 해도 신뢰할 만한 리더가 부족하기 때문에 생각한 대로 착수하지 못하는 사태가 생긴다.

더욱이 이 사람들은 정해진 판에 박힌 일을 소일거리로 삼고 있을 뿐이니까 자기의 오랜 경험에서 우러나오는 새로운 아이디어나 기획을 주장할 줄 모른다.

생각해 보고 머리를 쓰면 참신한 아이디어나 기획이 나올 수 있을 터인데도, 그들의 두뇌는 깊은 잠에 빠져 있는 상태다. 숨

쉬는 미라가 되어버리는 것이다.

따라서 회사는 높은 월급을 지급하면서도 인적 자원의 효율이 아주 나쁜 결과를 안게 된다.

그뿐이 아니다. 고목 같은 사람들이 그 부문의 사기에 영향을 주는 심각한 사태가 발생한다.

이러한 리더가 오래 재임하고 있는 부나 과에서는 조금씩 일의 파이프가 막히게 된다. 젊은 사원들의 피를 끓게 할 만한 기획도 없으며, 새롭고 특별한 프로젝트도 없다.

젊은 사원들이 자기 힘을 시험해볼 만한 기회가 전혀 생기지 않는다.

고목은 새로운 제안도 하지 않으며 막아버린다

고목은 새로운 제안을 하지 않으며, 젊은 사람들의 새로운 제안도 막아버리기 때문이다. 이렇게 하여 모든 사람은 지루해지고, 일에 대해 냉담하고 무관심해지는 것이다.

그리고 고목 같은 리더가 그대로 방치되어 있으면 회사 안에 반드시 파벌투쟁 비슷한 현상이 생긴다는 사실은 냉대받고 있는 리더를 동정의 눈으로 바라보는 사람이 반드시 있게 마련이기 때문이다.

다른 편에서는 회사의 엘리트 그룹에 동조하여 이를 지지하는 사람들이 있다. 그래서 회사 안은 두 파로 나뉘어져 서로 상대방을 헐뜯는 파벌 투쟁이 격화된다.

회사 안의 정보는 왜곡되고, 감정 대립이 소용돌이쳐 누구나가 정해진 일 이상의 행동을 하려는 의욕을 잃는다.

고목, 즉 죽은 나무가 되어 있는 리더는 중고령층 관리자들에게 많다. 그들은 세상도 오래 살아왔다. 인생 경험도 할 만큼 해서 노련하다. 이미 굳어질 대로 굳어진 고정관념은 이미 체질화되어서 그 사고방식이나 생활태도를 바꾸려면 1년이나 2년이 걸릴지도 모른다.

또 자녀들이 커 대학학자금 등 굵직한 지출이 많아져서 지금의 직책을 잃으면 가정생활에 타격을 받는다. 그래서 안간힘을 다해 자리를 버티고 있는 것이다.

그러나 그렇게 하는 동안, 지도자는 인내심을 가지고 이들을 지도하지 않으면 안 된다. 그들의 태도를 바꾸지 않는 한, 그들의 능력은 이미 쓸모가 없는 것이기 때문이다.

상당한 세월이 지나도 그 사람이 태도를 바꾸어 능력을 발휘하는 기미가 보이지 않으면 그 사람에게 사표를 쓰도록 하든지, 다른 회사에 취업을 알선하는 등 그 사람을 적극적으로 뽑아내는 수밖에 없다.

고목에 두 가지 유형은 어떤 유형 입니까?

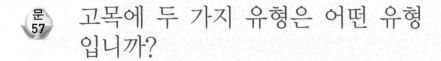

답

그 하나는, 현재 팀장이나 과장의 지위에 있지만 실제로는 그 직위에 적합한 능력을 지니지 못한 사람, 즉 진짜로 무능한 사람이다. 또 하나 는, 회사의 조직을 바꾸거나 방침의 변경에 따라 어쩔 수 없이 잠정적 으로 고목이 되어 있는 사람이다.

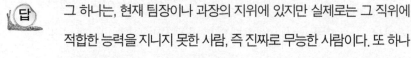

해설

이미 고목이 되어버린 사람을 방치해 두면 회사 전체가 쇠퇴 해지고 만다.

유기적이고 기능적으로 돌아가야 할 회사라는 조직의 파이프 라인이 막히고, 여기저기에서 바람직하지 못한 불협화음이 생기 기 때문이다.

그러나 고목 같은 사람들 중에도 두 가지의 종류가 있다는 것 에 주의하지 않으면 안 된다.

그 하나는, 현재 팀장이나 과장의 지위에 있지만 실제로는 그 직위에 적합한 능력을 지니지 못한 사람, 즉 진짜로 무능한 사람 이다.

이러한 사람들은 설령 입사시험을 거쳐 들어왔다 하더라도 회사 발전이나 승진에 적응하지 못하고 전체 대열에서 낙후되어 버린 사람들이다. 그렇게 된 원인에는 여러 가지가 있을 것이다. 그러나 지금 새삼스럽게 바로잡고 치유하기에는 너무 늦어버린 구제불능인 사람들이다.

또 하나는, 회사의 조직을 바꾸거나 방침의 변경에 따라 어쩔 수 없이 잠정적으로 고목이 되어 있는 사람이다.

조직 변경에는 2개의 과를 1개로 통합했기 때문에 한쪽 과장은 과장 대우라고는 하지만 부하 직원이나 권한이 없는 경우, 혹은 최고 경영자의 방침이 바뀌어, 이를테면 지금까지 기획조사부에 힘을 써 인원도 늘리고 관리자도 늘려 왔지만, 기획 조사성과가 나타나지 않았기 때문에 그것을 축소하게 되어 일부 관리자가 고목이 되는 경우다.

능력은 있으나 외부의 사정으로 고목이 되어버린 사람

더욱이 최고 경영자의 일시적인 감정으로 인해 사람들 앞에서 호되게 야단을 맞았기 때문에 그 사람을 여러 사람들이 인정해 주지 않는 경우도 있고, 급격한 가정 사정의 악화로 어쩔 수 없이 자포자기 상태에 빠져 있는 경우도 생각할 수 있다.

후자의 경우는 진짜로는 능력이 있는데도 회사 사정이나 최고 경영자의 일시적인 감정, 혹은 불우한 가정 형편으로 고목같이 되어가는 사람이다.

고목이 되어가는 사람 중에서 후자의 타입을 찾아내 만회할 기회를 주는 것이 지도자의 임무다.

고목을 그냥 내버려두면 잠재적 능력이 있는 사람이라 하더라도 정말로 쓸모없는 인간이 되어버리고 만다.

회사로서 인재의 손실을 초래할 뿐만 아니라 자신이나 그 가족에게 있어서는 무엇이라고 말할 수 없이 귀중한 한 사람의 인생까지를 파멸시키고 마는 것이다. 고목이 된 사람을 내버려두어서는 안 된다. 고목 가운데에서 죽지 않고 버티는 불사조를 찾아내야 한다.

즉, 역경을 견디고, 낙후와 실패를 만회할 힘이 아직 있고, 조직에의 충성심을 잃지 않은 사람을 찾아내어 회사 의사결정의 흐름 안에 끌어들여 떳떳하게 그 몫을 할 수 있도록 해주어야 한다.

이것이야말로 회사로서도 가장 효과적인 방법이며, 리더십이라는 관점에서 보더라도 가장 인간적인 방법이다.

가슴을 펴고, 자기를 살려 회사에 기여할 수 있는 능력을 지니고 있으면서도 어쩔 수 없이 하루하루를 지겹게 넘기며 겨우 연명해 간다는 것은 얼마나 안타까운 노릇인가.

회사 안에 조재하는 타입에는 어떤 종류의 타입이 있습니까?

문 58

답

첫째, 유영형游泳型둘째, 만년 불평형 셋째, 사고형 넷째 관료형 다섯째, 경제형이 존재한다.

해설

"만약 어떤 사장이 그릇된 결정을 했다고 하면 그것은 남의 잘못된 말을 귀담아들었기 때문일 것이다."

이렇게 말하는 사장이 있다고 하면, 그 사장이야말로 사장 자격이 없는 사람이다. 마지막 결정을 하는 사람은 어디까지나 사장 자신이며, 책임 또한 사장이 져야 하는 것이기 때문이다. 사장뿐 아니라 중간 관리자의 단계에서도 마찬가지다.

관리자는 항상 부하 직원의 말을 귀담아듣지 않으면 안 된다. 그러나 귀담아들을 상대를 고르기 위해 언제나 사람을 제대로 보지 않으면 안 된다. 잘못된 사람의 말을 귀담아들으면 그릇된 결정이나 잘못된 행동을 하기 쉽기 때문이다.

어떤 문제에 대한 결정을 하려면 결정하기 전에 이에 관한 자료를 모아야 하고, 모은 자료를 토대로 해서 마지막 결정을 내리게 되는데, 주위에 잘못된 사람들만 득실거릴 경우에는 아무리 주도면밀한 사람이라도 우선 판단 자료가 잘못될 가능성이 많기 때문에 어쩔 수 없이 잘못된 결정이 내려지게 된다.

회사 안에는 여러 가지 타입의 사람이 있다.

첫째, 유영형游泳型이다. 이런 타입은 여러 리더 사이를 헤엄쳐 다니면서 항상 정치적으로 생각하고 행동하는 데 전념한다.

이 유영형은 리더 사이에 정치적인 다툼이 없을 때에는 비교적 조용하지만 정치적인 다툼이 일어나면 물고기가 물을 만난 것처럼 활발하게 움직이기 시작한다.

둘째, 만년 불평형이다. 상사가 정한 방침이나 판단에 대해 직언하거나 불공평한 취급에 대해 불만을 토로하는 것을 좋아한다.

상사는 오히려 그러한 용기가 있는 사람을 높이 사 주어야 한다. 그러나 여기에서 말하는 만년 불평형이란 항상 상사나 동료에게 불평불만만을 늘어놓을 뿐, 건설적 방향을 제시하지 않는 사람을 가리키는 말이다. 사교형도 조심하지 않으면 안 된다. 언제나 싱글벙글 웃고만 있어 접촉하기 쉬운 유형이며, 사교적 활동에만 열성적인 사람이다.

이런 사람들과 오랜 시간을 보내고 있으면 리더는 행동을 취할 수 없는 사람이 되고 만다. 이러한 사람들에게 시간을 빼앗기지 않도록 해야 한다. 리더가 아무것도 할 마음이 없을 때엔 다음과 같은 사람의 말을 귀담아듣거나 이야기 상대가 되는 경우가 많다.

우선 관료형이다. 이 유형은 회사 규정과 규칙에는 굉장히 소상하다. 그러나 새로운 아이디어나 생산적인 제안에 대해서는 언제나 가로막고 나서는 사람이다. 융통성이 없고 행동력도 없다.

다음으로 경제형은 경제 정세를 조사하거나 수요 예측을 분석하는 데는 적합할지 모르지만, 그러한 재능밖에 없는 사람들이다. 말만 앞서고 이치 따지기를 좋아할 뿐 전혀 실천력이 없다.

앞에서 말한 인간들은 문제를 해결하기 위한 구체적인 방안을 생각하지 못하는 유형이다. 따라서 이런 사람들의 보고만 듣고 있는 리더는 어느새 적극적인 행동을 취하지 못하는 사람이 되고 말 위험이 있다는 것을 잊어서는 안 된다.

문 59 리더에는 몇 가지 유형이 있습니까?

 답 8가지 유형이있다. 그 유형에 대해서 해설에서 설명하겠다.

 해설 직장인의 행동 유형에 따른 분류가 있다.

첫째, 발견형.

회사나 부서의 문제 발생에 대해서 민감하고, 다른 사람이 생각하기 전에 문제의 조짐을 알아차려 정확하게 파악하는 유형이다.

문제의 해결은 정확한 문제의 파악에서 비롯되는 것. 그리고 발견은 문제 파악의 전제 조건이다.

둘째, 탐색형.

여러 가지 정보나 새로운 지식의 흡수에 열성적이고, 새로운 관리 기술의 유효성을 느끼게 하는 유형이다.

셋째, 아이디어맨.

항상 기발한 것을 말하여 사람들을 놀라게 한다. 문제 해결의 아이디어를 내는 사람이고, 창조성 계발을 수월하게 해나가는 유형이다.

넷째, 상사의 방침이나 판단에 잘못이 있으면 그것을 직언할 용기가 있는 직언형.

다섯째, 미지의 위험이나 불확실성을 두려워하지 않는 투기형.

여섯째, 주도면밀한 계획을 세우고 앞으로 나아갈 방향을 찾아내는 기획형.

일곱째, 말만이 아닌, 실행력이 있는 행동형.

이들 행동형 사람들의 의견을 들음으로써 리더는 새로운 기획이나 전략에 대해서 자신을 가질 수 있게 된다.

행동형 사람들을 부하 직원이나 동료 사이에서 찾아내는 것이 좋은 말상대나, 행동을 같이하는 동지를 얻게 되는 것과 같다.

경영자나 관리자는 모두 지도자로서, 발탁하기 위해 사람을 볼 줄 아는 안목을 지녀야 하며, 인재를 옳게 선택하는 능력을 지니는 동시에, 상대방의 말을 귀담아 듣는 것이 리더십 효율을 더욱 높이는 방법이다. 그리고 인재를 키워야 지도자이다.

리더로 하여금 타이을 잃게 하는 타입

그러나 다음의 두 가지 타입의 사람에게 시간을 소모하고 있으면 리더의 행동은 적절한 타이밍을 잃거나 의사결정을 주저하게 된다.

우선 곰 타입은, 그야말로 느려터진 사람을 말한다.

곰이란 놈은 잡은 먹이를 먹기 전에 물 속에 몇 번이고 헹구는 습성이 있다.

이와 마찬가지로 언제까지 보고를 한다든지, 언제까지 결론을 내려야 한다는 것을 알고 있으면서도 계속 늦추면서 결론을 내리지 않는 유형이다.

다음은 박쥐형의 사람으로, 이 유형은 정세가 유리한 쪽으로 따라가는 줏대가 없는 사람들이다. 이들의 의견을 귀담아듣고 있으면 리더는 언제까지나 결단을 내릴 수가 없게 되어 버린다.

행복한 사람들, 성공한 사람들은 아무렇게나 인생을 살아가는 사람이 아니라, 날마다 성장을 추구하는 사람들이란 것을 절실히 깨달을 필요가 있다.

만일 당신이 리더가 되었다면, 자신의 새로운 직위와 관련된 모든 것에 대해 잘 알아야 한다고 느끼게 되는데, 이런 중압감은 심한 스트레스가 된다.

리더에게 필요한 것은 필요한 정보를 모두 다 암기하고 있어서 필요할 때 기억해 내는 능력이 아니라, 필요한 정보를 어디서 찾아낼 것인지를 알아내는 일이다.

리더로서는 많이 알수록 유리하다. 그러므로 리더라면 지속적으로 교육이나 세미나, 독서와 테이프 등 다양한 매체를 통해 공부하는 자세를 가져야 한다.

문 60

청념한 리더로 필요한 조건은 무엇입니까?

답 공(公)과 사(私)를 구분할 줄 아는 안목이다.

해설 후진국에서는 다음과 같은 일이 자주 일어난다고 한다.

현지의 수입업자는 외국에서 수입한 기계의 값비싼 부품을 빼내고 그 대신 값싼 부품을 갖다 맞춘다. 그리고 빼낸 부품은 비싼 값으로 다른 데 팔아넘겨 폭리를 취한다는 것이다.

이 얼마나 가증스런 짓인가. 남을 돕고 자기도 이익을 본다는 원원전략이 사업의 철칙임에도 불구하고, 나만 살찌면 상대방은 죽어도 내가 알 바 아니라는 나쁜 심보다.

이러한 방법으로는 신용이 떨어져 발전할 수가 없다. 이런 비리를 예사로 저지르는 사람이 많으면 새로운 기술이나 자금을 아무리 쏟아넣어도 기업은 발전할 수 없다.

우리나라도 이제 선진국을 넘어 세계 최강국이 되었지만 그러나 아직 공사를 혼동하는 후진국형의 리더가 많이 남아 있다. 예컨대 자재부의 책임자가 외부에서 자재를 구입할 경우에 사복을 채우는 것이다.

주류업계에서는 내로라하던 S산업이 완전히 망해버린 결정적인 원인은 사장이 병 치료를 위해 외국에 가 있는 틈을 타서 직원들끼리 짜고 거액의 회사 재산을 착복해 버렸기 때문이었다.

심지어는 그들이 사들인 자재품 상자 가마니에는 무게만을 맞추기 위한 돌덩이가 들어 있었다고 한다. 그들은 납품업자와 짜고 주정의 원료인 자재품 대신 돌덩이를 마구 사들였던 것이다. 이에 못지않게 나쁜 것은 개인적인 정실에 의해 인사를 결정하는 것이다.

회사의 성장과 수익이라는 목적에 공헌하기 위해서는 역시 능력이나 실적에 따라 인사가 결정되어야 한다. 따라서 사사로운 정실을 개입시켜서는 안 된다. 객관적으로 공평하게 각자 능력이나 업적을 평가하여 승진이나 승급에 대한 인사가 결정되지 않으면 안 되는 것이다. 관리 직위에 제대로 된 사람을 앉히느냐, 그렇지 못하느냐 하는 것이 회사의 운명을 결정하게 된다.

정실에 사로잡힌 인사

그럼에도 불구하고 현실적으로 정실에 사로잡혀 승진이나 승급을 결정하기 쉽다. 회사 이익을 희생시키고, 자기의 사사로운 정이나 개인적인 관계를 연결시켜 인사를 결정하는 것이다.

이런 것들은 가장 일반적인 공사의 혼동이다. 이러한 공사 혼동을 버릇처럼 하는 리더 밑에서는 부하 직원은 일할 의욕을 잃고, 유능한 사원은 회사를 뛰쳐나가 버린다. 따라서 회사도 활력을 잃고 만다. 공사 혼동의 리더는 회사에 있어서 암적인 존재이다.

기업만이 아니다. 정치에서 공사를 혼동한다면 국민을 얼마나 큰 도탄에 빠지게 하는지는 수많은 역사적 사실들이 증명해 주고 있다.

아무것도 할 수 없는 무능한 사람이 집권자의 자식이라고 해서, 친인척이라고 해서, 동창이라고 해서 권력을 쥐고 국리와 민복民福을 짓밟는다.

리더십은 공과 사를 분명하게 구별하는 겸허한 자세에서 출발한다는 것을 명심하라.

이기는 리더의
부하에 대한 자세

인간관계에서 맹점에 빠지기 쉬운 유형은 어떤 유형입니까?

 대개 다음과 같은 유형이 맹점에 빠지기 쉽다.

 인간관계의 맹점에 빠지기 쉬운 사람은 어떠한 유형일까. 대개 다음과 같은 유형의 인간이 인간관계의 맹점을 지니고 있는 경우가 많다.

첫째로, 자기가 내놓은 제안이나 기획에 대해서 다른 사람이나 부문에서 비판적 의견이 나오면 곧 감정적으로 나오는 신경과민형이다.

이런 유형은 다른 사람이나 부문으로부터의 비판을 받아들이지 않고, 자기가 생각한 대로 해치우려는 사람들인 것이다.

이러한 경향은 개성이 강한 사람들에게 많다. 개성이 강한 사람은 창조성 또한 풍부하다. 그래서 보통 사람들이 생각하기 힘든 특별한 아이디어를 생각해내고, 여기에 집착하는 경향을 보인다.

그리고 다른 부문의 입장을 무시하고 자기 생각대로만 밀고 나가다 도중에서 좌절하고 마는 경향이 있다.

둘째는, 다소의 반대가 있을 것 같은 문제에 대해서 관계 부서 사람들과 상의하거나 토의하기를 기피하고, 용기를 가지고 사람들과 부딪쳐 나가지 않는 유형이다.

이러한 소극적인 사고형은 다른 부문과의 참다운 팀워크를 이룰 수 없다.

셋째로, 부하 직원의 능력을 너무 신뢰하지 않고 사소한 일에 대해서도 무엇이든 직접 자기가 처리하고, 자기가 결정하지 않으면 마음을 놓지 못하는 부하 직원 불신형이다.

자기가 직접 사면 약간이라도 싸게 살 수 있다는 생각으로 문구류 하나라도 직접 구입하려고 하며, 결국 나무만을 보고 숲 전체를 보지 못하는 어리석음을 범하게 된다. 이러한 사람은 용기를 가지고 권한 위양을 하지 못하는 사람들이다.

넷째로, 부하 직원의 불평·불만에 귀를 기울이지 않는 냉혹형이다.

요즘에는 능력주의가 주창되어 아랫사람에 대한 윗사람의 엄격성이 요구되고 있다.

맹점을 깨닫지 못하는 사람들의 문제

따라서 윗사람으로서는 일단 목표를 정하면 어디까지나 관철한다는 엄한 태도가 필요하다. 그러나 그것이 부하 직원의 인간성을 무시한 냉혹함이 되어서는 회사에 결코 플러스가 되지 않는다.

이렇게 인간관계 면에서 많은 사람이 맹점을 지니고 있으면서 그것을 깨닫지 못하고 있다.

위의 네 가지 유형과 같은 맹점을 지닌 부하 직원이 있으면 우선 그 부하 직원으로 하여금 자기 맹점을 똑똑하게 자각할 수 있도록 해야 한다.

예를 들면 신경과민증의 사람에 대해서는 될 수 있는 대로 위원회의 멤버로 넣어 여러 사람들의 다른 의견에 대해서도 귀를 기울이는 습성을 길들여 간다.

소극적 사고형의 사람에 대해서는 특별한 과제를 수행하기 위해 임시로 편성된 혼성 부대의 일원이 되게 하고, 하나의 과제를 달성해 나가기 위해 서로 긴밀하게 연락하고 조정하는 과정을 통해 팀워크를 취해 나가지 않으면 안 될 일을 시킨다.

부하 직원에게 권한을 위양하지 않고 무엇이든 직접 자기가 하는 불신형의 경우, 그 맹점을 고치는 것은 굉장히 어려운 일이다.

그러나 그 사람에게 혼자서는 도저히 감당할 수 없는 큰일을 기한부로 맡겨보라. 그렇게 하면 혼자서는 도저히 할 수 없으니까 손을 들고, 자연히 부하 직원에게 권한을 위양하게 될 것이다.

문 62 조직에서 맹점을 극복하는 바람직한 방법은 무엇입니까?

 답 커뮤니케이션이 잘 이루어지도록 대화를 자주 해야 한다.

 해설 커뮤니케이션은 사회생활에서 가장 중요한 요소가 아닐 수 없다. 서로 원만한 의사소통을 이루지 않고서 할 수 있는 일이 무엇인가.

가정에서조차 서로 이야기를 나누지 않는다면 서로의 속마음을 헤아리기 어려운데, 하물며 대의를 안고 함께 나아가는 구성원들이 서로 커뮤니케이션이 안 된다면 바람직한 능률과 생산성을 기대할 수 없을 것이다.

어떤 은행에서는 매월 한 번, 본점에서 지점장 회의가 개최되는데, 그 지점장들은 지점으로 돌아와서 다시 행원 전원을 모아 놓고 회의를 한다.

지점의 행원 수는 약 70명이고, 이 회의가 행원 전원에 대한 유일한 커뮤니케이션 수단이다. 그러나 지점 회의에서는 위로부터의 일방적인 커뮤니케이션밖에 행해지지 않는다.

먼저 지점장이 새로운 목표나 방침을 설명한다. 이어서 각 과장이 자기의 담당 부문에 관한 사무규정의 개정 등에 관하여 해설을 하는 것이다.

70명씩이나 한 자리에 모아놓는 회합이므로, 윗사람이 질문 시간을 주어도 아무도 질문하지 않는다. 이렇게 큰 집단의 회합에서는 무엇인가를 발언하는 사람이 있으면 우쭐대는 인간이라고 오해받기 쉽기 때문이다.

우쭐대는 인간은 은행에서는 특히 왕따를 당한다는 것을 누구나가 잘 알고 있을 것이다. 이러한 사태는 다른 은행에서도 볼 수 있으며, 기타의 회사에서도 볼 수 있다.

그리고 이렇게 상부로부터의 일방적인 커뮤니케이션밖에 행해지지 않으면, 리더와 일반 사원 사이에 의사소통의 커다란 '갭'이 생기게 된다.

물론 지점장과 차장 사이에는 여러 가지 회의를 통해서 서로의 의사소통이 이루어지고, 커뮤니케이션의 쌍방 교통이 행해지고 있다.

그러나 일반 사원에 대해서는 위로부터의 일방적인 커뮤니케이션밖에 이루어지지 않는다. 즉, 각 사원은 위로부터의 일방적인 명령이나 지시에 따라 일하고 있다.

따라서 일반 사원들은 일에 대한 흥미를 잃고, 하고자 하는 의욕이 생기지 않는 것도 당연한 일이다. 또한 아래로부터의 커뮤니케이션이 이루어지지 않기 때문에 점점 불평불만이 쌓여 가고, 마침내 퇴사를 결정하게 될지도 모를 일이다.

대집단에서 커뮤니케이션이 잘 이루어지도록 하는 방법

커뮤니케이션의 쌍방 교통은 큰 집단일수록 불가능하다. 따라서 이런 문제점을 해소하기 위해서는 다음과 같은 방법을 시도할 필요가 있다.

즉, 7~8명에서 15명 정도의 작은 집단으로 나누는 것이다. 은행 지점장의 경우에는 차장이 각 집단의 리더가 되게 한다. 각기 작은 집단에서 목표와 방침 그리고 사무 개정의 문제 등이 설명되고 토의됨으로써 비로소 아랫사람도 발언하거나 질문할 수 있게 된다. 이른바 집단 토의를 통해 의견을 골고루 청취할 수가 있다.

의사소통이 잘 이루어지면 사람은 의욕이 생긴다. 서로의 의견이 전달되고, 이해되면 비로소 구성원 각자는 자기가 하는 일이 상사의 일방적인 강요에 의해서가 아니고 자기의 자유의사에 의한 것이라는 의식을 가질 수가 있기 때문이다. 여기서 팀워크가 생기는 것이다.

이렇게 모든 사람들의 생각이나 행동은 서로간의 의사소통에 의해 영향을 받는다.

따라서 사람을 움직이는 리더십에 있어 항상 의사소통의 맹점을 찾아내고, 이를 메워주는 것이 무엇보다도 중요한 리더의 임무라는 점을 기억해야 한다.

현상유지를 바라는 사람들의 공통
적인 맹점은 무엇입니까?

 다음의 세 가지 맹점이 있다. 해설에서 하나씩 짚어 본다.

 기업이나 조직은 발전을 원천적인 목표로 삼고 있는 법이다.
그런데 현상 유지형들로 인해 발전이 저해되는 경우가 생기
는데, 이럴 때 그들의 잘못된 사고방식을 바로잡아 주어야 비
로소 성장할 수 있다.

어느 회사에서 최근에 매출액이 3퍼센트 증가함에 따라 생산
도 3퍼센트를 늘리지 않으면 안 되게 되었다.

현장 관리자는 종업원들로 하여금 매일 특근을 하게 함으로
써 증가한 생산량을 처리하였다. 그러나 회사로서는 높은 특근
수당을 지급하지 않으면 안 되었다.

그래서 어떻게 해서든지 작업 개선을 연구해서 작업을 보다
표준화하거나 단순화해 나감으로써 생산량을 증가시켜 보자는
제안을 간부층에서 내놓았다.

그러나 현장은 매일같이 특근에 쫓기고 있었으며, 지금까지

의 방식을 바꾼다는 것에는 완강한 저항도 있어 실행되지 않았다.

그런데 그러한 상태가 반년쯤 계속된 결과 퇴사율이 엄청나게 증가하는 것이 아닌가. 아울러 작업량이 조금 줄어드는 시기가 되자 특근수당을 벌기 위해 낮에는 작업을 '슬로다운(slowdown)'으로 진행하는 나쁜 관례가 생겨버렸다.

이것은 한 회사만의 고충이 아닐 것이다.

이렇게 어느 회사에서나 새로운 아이디어나 새로운 방법에 대해서 항상 저항을 일삼는 현상유지형은 있게 마련이다.

종래의 방법을 바꾸는 것에 대해서 언제나 반대하는 사람들의 사고방식에는 다음과 같은 세 가지 맹점이 있다는 사실에 주의하지 않으면 안 된다.

첫째는, 비전이 없다는 맹점.

이 사람들은 그날그날의 일을 잔업을 하더라도 처리해 나가는 데 온 힘을 기울이고, 방법을 바꾸었을 경우, 그것에 의해서 어떠한 효과를 거둘 수 있는가 하는 점까지 생각할 여유가 없다. 또 거기까지 가늠할 능력도 없다. 희망을 상실한 것이다.

둘째로, 외부적인 환경의 변화에 눈을 돌리지 않는다고 하는 맹점.

입사를 희망하는 사람이 많은 시대에는 퇴사율이 늘어도 곧 보충해 나갈 수가 있었다. 그러나 인력 부족 상태가 되면 이를 보충하기 위해 사람을 모집하는 데 모집비가 들고 훈련비도 든다. 이렇게 모여진 사람들이 그만두어 퇴사율이 늘면 회사로서는 간접비의 큰 손실이 생기게 된다.

셋째로, 새로운 일에 대해서는 자신이 없다고 하는 맹점.

"지금까지의 방법으로 오랫동안 해왔으므로 몸에 겨우 익숙해졌는데, 다른 방법으로 바꾼다니 그건 내겐 너무 힘든 일이다."

이처럼 현상유지형들이 가지고 있는 사고방식의 맹점을 똑똑하게 자각시키기 위해서는 여러 가지 방법이 있을 것이다.

사람을 육성시키는 리더십

사람을 육성시키는 리더십이란 모든 사람이 가지고 있는 맹점을 본인에게 자각시킨 다음, 그 맹점의 치료 방법을 스스로 연구하게 하는 데에 있는 것이다.

식물이 크게 자라고 훌륭한 꽃을 피우게 하기 위해서는 햇빛과 토양과 충분한 퇴비가 필요하다.

그러나 이러한 조건이 거의 갖추어졌다 하더라도 필요한 비료 성분 하나가 빠져 있다는 맹점을 지니게 되면 그 식물은 성장을 원만한 성장을 하지 못하거나 성장을 멈추고 만다.

사람의 성장도 이와 마찬가지임을 명심하라.

편집증의 맹점을 가진 사람의 특징
은 무엇입니까?

 첫째는, 일의 한 가지 측면만을 보고 그것을 전부라고 고집하는 유형
이다. 둘째로, 자기의 부문에서 생긴 아이디어가 아니면 실행하지 않
는 결벽주의자이다. 세 번째 유형은, 경험주의자이다.

 리더 입장에서 부하 직원의 맹점을 바로잡아 줄 필요도 있지
만, 당신 자신이 스스로 맹점에서 벗어나는 연구를 할 필요도
있다.

모름지기 사회인이라면 자신의 행동과 행위에 책임을 져야
한다. 그런데 맹점에 사로잡혀서 올바른 판단이나 행동을 하지
못한다면 당신은 리더로서의 자격을 잃게 되거나, 점점 무능한
리더로서 전락하게 될지도 모를 일이다.

우리들이 자주 부딪치는 사람들 중에 편집증의 맹점을 지닌
유형의 사람들이 있다.

그 첫째는, 일의 한 가지 측면만을 보고 그것을 전부라고 고집
하는 유형이다.

예를 들면 3면이 빨강·하양·검정으로 칠해져 있는 삼각추

의 한 면만을 보고 검다고 생각해 버리는 사람들이다. 그들은 다른 면을 보려 하지 않는다.

어느 회사에서 현장 관리자의 실태를 조사했던 바, 그 가운데는 종업원의 사기가 낮고 생산성이 나쁜 팀이 있었다.

그 팀장을 면접해 보니, 기술자 출신이라 그런지 기술적인 개선에 대해서는 굉장히 열심이었다. 그러나 사람을 다루는 방법에 대해서는 전혀 무관심하고, 아무런 지식도 지니고 있지 않았다.

그 사람의 관점에서는 관리란 기록하고, 계산하고, 그것을 보고 하는 것으로서, 요컨대 하나의 잡무에 불과하다는 생각을 지니고 있었고, 그래서 부하 직원의 인간 관리에 대해서는 전혀 무관심 했던 것이다.

나무만을 보고 숲을 보지 않는다

이 회사에서는 1년에 1주일쯤 팀장 교육을 시키고 있다.

그러나 그 사람이 자기는 기술자 출신이니까 기술의 개선을 도모하는 것만이 임무의 전부라고 생각하는 맹점의 탓이었던지, 회사에서 실시하는 팀장 교육은 그 사람에게 전혀 받아들여지지 않았고, 관리나 사람을 다루는 방법에 대해서는 도무지 배우려 하지 않았다.

이러한 태도는 하나만을 알고 둘을 모르는 것이며, 나무만을 보고 숲을 보려 하지 않는 것이다.

둘째로, 자기의 부문에서 생긴 아이디어가 아니면 실행하지 않는 결벽주의자이다. 다른 부문에서 나온 아이디어나 기획에는 거의 협력하려 들지 않는 것이다.

세 번째 유형은, 경험주의자이다.

예를 들면 부하 직원으로부터 새로운 기획이 나와도 '그것은 전에 해보았지만 잘 안 되었다'고 말하며, 거들떠보려고도 하지 않는 사람들이 있다.

확실히 그 직장에서 오래된 사람은 여러 가지 경험을 가지고 있으리라. 그러한 경험은 아주 귀중한 것이다. 그러나 지난날 잘 안 되었으니까 이번의 기획도 틀렸으리라고 생각하는 것은 경험이 많은 사람들이 빠지기 쉬운 맹점이다.

일이란 전에 해서 실패했으니까 지금 다시 해도 실패할 것이라고 그렇게 단순하게 말할 수 있는 것이 아니다. 그 동안에 환경 변화가 있었을지도 모른다. 여건의 변화도 있을 수 있다.

전에 했을 때는 시기상조였기 때문에 성과가 오르지 않았을지도 모르고, 여러 가지 세밀한 점에 대한 배려가 모자라서 실패했을지도 모른다.

부하 직원의 편집증을 치료하려면 참을성 있는 대화가 필요하다. 대화를 통해서 경험하지 않은 문제나 미지의 지식에까지 안목을 넓히도록 만들어 주어야 한다.

문
65

작업 습관의 맹점은 어떤 것이 있습니까?

 답

먼저 해야 할 일을 뒤에 한다든가, 가볍게 다루어야 할 일을 너무 무겁게 다루었기 때문에 균형을 잃는 것은 흔히 볼 수 있는 작업 습관의 맹점이다.

 해설

유명한 어느 교수의 회고담이다.

"젊었을 때, 대학에 다닐 때 생활 습관의 맹점을 찔린 일이 많았다. 어느 주말, 피츠버그 교외의 어느 생명보험회사 사장 별장에 초대받은 적이 있었다. 그 별장까지 가는 데 사장 자신이 직접 차를 운전해 주었다.

그리고 우리들이 별장에 도착하여 어떠한 곳인가 하고 주변을 둘러보고 있는 사이에 사장은 재빨리 집 쪽으로 들어가 작업복으로 갈아입고 나타났다.

그리고 손에는 돼지 먹이를 담은 양동이를 들고 돼지우리 속으로 들어가는 것이었다. 그 사장은 돼지를 기르고 있었던 것이다. 그는 먹이를 준다든지, 주변을 청소한다든지 하는 시중은 전부 자기가 하고 있었다.

그 별장은 높이 2미터, 폭 4~5미터의 한 장 유리로 창을 만들어서 넓은 목장이 한눈에 들어오도록 한 호화스러운 구조였다. 우리들 일행은 다섯 사람이었는데, 우리들에게는 아무런 연락도 없이 다섯 여성이 상대 손님으로 초대되어 있었다."

자기 일은 자기가 한다는 교육은 미국인의 경우에는 그것이 그대로 실천되고, 바로 생활습관이 되어 있는 것이다.

또 우리나라 사람들은 남의 집 욕실을 사용하게 될 경우, 욕조에서 몸을 씻고서 그냥 마개를 뽑아 물을 빼고 나와 버린다. 그러고 나면 욕조의 가장자리에 하얀 때가 남아 있다.

이것은 다른 문화의 사람들로서는 이해가 안 되는 장면이다. 프랑스나 유럽으로는 자신이 씻은 욕조는 스스로 청소를 하는 것을 당연하게 생각하고 있는 것이다.

환경에 따라 생긴 맹점

이처럼 자기가 자라난 환경에 따라 각자의 생활습관이나 생활태도에 의외로 큰 맹점이 도사리고 있는 것이다.

이와 같이 외국 사람들과 비교하여 예를 들자면 끝도 없이 많을 테지만, 우리나라 사람들 사이에도 자기의 생활습관의 맹점이 되어 있는 경우가 많다.

인력이 남아돌아 인건비가 쌌던 시대에 살던 사람은 회사에서 쓸데없이 사람을 쓰는 맹점을 지니고 있다. 성과나 비용은 생각하지 않고 불필요한 일에 정력을 쏟는 작업 습관을 가지고 있는 사람이 아직도 많다.

또 일은 무척 열심히 하고, 정신없이 자기 일에 몰두하는 사람이지만, 먼저 해야 할 일을 뒤에 한다든가, 가볍게 다루어야 할 일을 너무 무겁게 다루었기 때문에 균형을 잃는 것은 흔히 볼 수 있는 작업 습관의 맹점이다.

무슨 일에나 순서가 있는 법이다. 작업 습관에 맹점을 지니기 때문에 그 사람의 능률이나 업적은 오르지 않는 것이다.

인재를 키우기 위해서는 그 사람의 일하는 습관의 맹점을 지적해서 어떻게 하는 것이 보다 능률적이고 효과적인가를 깨닫게 해줄 필요가 있다.

당신은 리더로서 성공하는 데 도움이 되는 원칙들을 실천할 수가 있다. 반대로 성공한 리더들의 경험을 무시하고 생활습관으로 굳어진 맹점들을 적당히 넘겨버리며 하루하루 버티어 나갈 수도 있다.

선택은 당신 자신에게 달려 있다. 하지만 후자를 택했을 때, 당신이 앉아 있는 자리는 머지않아 위태롭게 될 것이다.

무사인일주의 형 리더의 공통된 특성은 무엇 입니까?

 자신 뿐만 아니라 부하들의 실패도 두려워한다.

 현대는 가히 혁신 경쟁의 시대라고 할 수 있다.

새로운 제품의 개발, 새로운 시장의 개척, 새로운 관리 방식의 도입 혹은 인건비의 앙등에 대처하기 위한 비용절감의 새로운 방법 등 새로운 기획이 자꾸 실행되지 않으면 회사는 경쟁에서 뒤지고 만다.

새로운 기획에는 당연히 위험이 수반되기 마련이며, 100퍼센트 완전무결한 기획이란 있을 수 없는 것이다.

더욱이 그 기획이나 시도가 다른 데서 시도해본 적이 없는 새로운 것일수록 위험은 그만큼 증가한다. 그러나 이러한 위험에 대한 부담 없이 어떻게 새로운 기획, 새로운 시도가 결실을 맺을 수 있을 것인가.

그런데도 불구하고 임원에서 팀장이나 주임에 이르기까지 논에러(non-error)주의의 맹점을 지닌 사람이 많다.

이 사람들은 용기가 필요한 혁신에 의해서 회사에 적극적으로 공헌하는 것보다는, 어쨌든 실수하지 않는 것이 승진의 지름길이라는 그릇된 생각을 지니고 있다.

부하 직원의 새로운 제안이나 기획이라도 그것이 다소라도 문제를 복잡하게 할 염려가 있고, 다소라도 위험이 수반되면 그것을 채택하기를 꺼린다. 논-에러주의자의 정체는 용기가 없는 도피주의자인 것이다.

예컨대 관료형 리더는 새로운 기획에 대해서 그것은 예산이 없다, 자기에게는 그것을 결정할 권한이 없다, 혹은 우리 회사의 규칙으로는 그것을 해볼 도리가 없다는 등의 핑계를 댄다.

여러 가지 관료적인 구실을 붙여 새로운 기획을 막아 버리는 것이다. 그리고는 새로운 기획을 실행하는 데 대한 책임을 회피한다.

또 이기적인 리더는 회사 장래가 어떻게 되건, 그 문제가 회사의 이익에 얼마만큼 중대한 사태이건, 회사 일보다는 자기의 지위나 입장이 더 중요한 것이다.

문제가 조금이라도 위험을 수반하게 되면, 만약 실패를 했을 경우 자기 지위나 입장이 위태로워질 것만을 걱정한다. 자기 입장이나 지위를 가장 우선해서 생각하기 때문에 도피주의에 빠져 있는 것이다.

사소한 문제에 신경을 쓴다

마찬가지로 무사안일주의형 리더는 회사의 연말 선물을 어디에 보내야 할 것인가 하는 등의 문제에만 주력하는가 하면, 손님을 어느 식당에서 접대해야 하느냐 하는 문제가 나오면 여러 가지 의견을 말한다. 틀에 박힌 안일한 일에는 이렇게 충실한 것이다.

그러나 아무리 주요한 문제라도 그 해결책이 다른 부문서의 반대를 받거나 골치가 아프거나 하면 그러한 문제는 일체 피해 버리고 만다. 즉, 성가신 일에는 일체 손을 대지 않으려 한다.

그 가운데는 회사의 실적이 좋을 때에는 업무 능력이 없는데도 그것이 자기의 업적인 양 과시하거나, 불경기에 회사의 실적이 나빠지면 그것을 환경 탓으로 돌리는 환경 의존적인 도피주의자도 있다. 그들은 회사가 당면하고 있는 현실 문제를 해결하려는 의지를 잃고 있는 것이다.

"시련은 있어도 실패는 없다"고 말한 현대 정주영 회장은 누구보다 실패를 많이 경험한 사람이다. 만일 그가 실패를 두려워했다면 오늘날의 현대는 이룰 수 없었을 것이다.

성공자들의 특징 중 하나는 바로 실패를 두려워하지 않았다는 것임을 기억하라.

문
67

완벽주의형의 리더들의 맹점은 무엇입니까?

 답

부하들의 한 번 실수도 용납하지 않으며, 실패를 두려워 새로운 시도를 하지 않는다.

 해설

사람은 본래 불완전한 존재이다. 게다가 조직 생활이란 완전한 인격을 갖춘 사람들의 집합체가 아니라, 어떤 특정 부문의 능력을 갖춘 사람들의 집합체이므로 인간관계 면에서나 업무수행 능력에 있어서 항상 완벽하기만을 바랄 수는 없다.

한 번쯤 실수를 했다고 부하 직원을 심하게 몰아세우거나, 업무상의 과실이라고 문책을 한다면 조직 전체를 위해서도 오히려 마이너스 효과를 가져온다는 사실을 기억해야 한다.

또 실패가 두려워 새로운 시도를 기획하지 않는 리더가 있다면 참으로 불행한 일이 아닐 수 없다. 그런 리더는 팀 의욕을 저하시키고 조직 전체의 생산성을 떨어뜨릴 뿐 아니라, 자기 자신에게조차 발전적인 기회를 잃어버리고 마는 셈이 되기 때문이다.

논에러주의자가 회사의 여러 관리 계층에 건재하고 있으면 젊은 사원들은 의욕을 잃을 수밖에 없다. 그들은 부하 직원들에게 자기 능력을 시험하거나 자기 기량을 펼쳐볼 기회를 일체 주지 않기 때문이다.

용기가 없는 논에러주의자를 활개 치지 못하게 하기 위해서는 우선 인사고과의 방법을 바꾸어 보라.

지금까지의 인사고과는 각자의 정규적인 직무 수행에 대한 업적밖에는 평가하지 않고 있다. 그것도 필요하겠지만, 회사 전체나 부서에 있어서의 위기적인 사태나 특별한 문제에 대해서 그 사람이 어떻게 대처했는지를 평가해야 한다.

위기에 나타나는 능력

사람의 참다운 능력은 위기에 몰렸을 때 나타나는 것이라고 한다. 프로 야구에서 평소 1할 대밖에 치지 못하는 타자라 하더라도, 위기에 몰렸을 때 팀을 구하는 한 방을 날려주는 타자라면 특별한 대우를 받아 마땅할 것이다.

팬들은 그 선수의 결정적 장면에 환호성을 지르고, 구단은 연봉을 조정할 때 그 장면을 돌이켜보게 된다. 따라서 그 사람이 참다운 용기가 있는 부하 직원인지 아닌지를 평가하는 방법을 인사고과에 집어넣을 필요가 있다.

그리고 사원이 새로운 복잡한 문제와 맞붙어, 가령 잘못을 범하는 일이 있어도 단 한 번의 실수로 교대를 시킨다든지, 강등을 시키는 것은 좋지 않다. 사람은 실패를 통해서 많은 것을 배우기 때문이다.

단 한 번의 실패로 자리를 바꾸어 버린다면 그 사람은 용기를 잃고 말 것이다. 달팽이처럼 자기 껍질 속에 파묻혀 버리는 사람이 되고 만다.

도중의 실패에 대해서는 상사가 오히려 격려하고 원조해 줌으로써 용기를 갖도록 해야 한다. 그 사람의 실적 평가는 마지막 도달한 결과에 의해서 이루어져야 할 것이다.

그리고 가장 중요한 것은 논에러주의가 승진의 지름길이라는 착각을 갖지 않도록 하는 일이다.

그러기 위해서는 논에러주의자를 곧 리더의 자리에서 끌어내리고, 용기 있는 사람을 관리자에 등용하는 것이 무엇보다 중요한 일이다.

현대는 그러한 인사 방침이 요구되는 시대다. 그저 실수나 저지르지 않으려는 태도로는 회사의 업무를 제대로 해낼 수가 없다.

자기 몸이나 지위 안전을 최우선으로 생각하는 사람이나, 다른 사람의 일에 간섭이나 할 뿐 자기 책임을 회피하는 사람이 관리자 자리에 있을 때에는 부하 직원의 새로운 기획이나 제안은 아무것도 실행되지 않는다.

실패하는 리더들의 습성 중 가장 흔한 것은 무엇입니까?

 답 부하의 체면을 세워주기 위해 급급하다.

 해설 회사의 리더 가운데에는 다른 사람의 체면을 세워주는 기술을 체득하는 것을 지도자 최대의 미덕으로 생각하는 사람이 있다.

예를 들면 회의 중에 어떤 사람이 정세 판단에 대한 중대한 실책을 범하거나 업무상의 실수가 발견되는 경우에도 리더는 그것을 지적하지 않으며, 그 사람의 체면이 깎이지 않도록 세심한 주의를 기울이는 경우가 있는 것이다.

한 걸음 더 나아가, 리더는 그 사람이 무안해할까 봐, 그저 듣기 좋으라고 잘되었다는 칭찬으로 끝내는 경우까지 있다. 다른 동료가 그 잘못을 지적하여 의논이 분분해지면, 상사는 어쨌든 토론은 이 정도로 해두지! 하고 문제를 해결하지 않은 채 덮어두고 그 자리를 모면하고자 한다. 심지어는 부하 직원이 업무상 과실 행동을 했을 경우, 그 사태가 냉각될 때까지 부하 직원을 장기 출장 보내거나, 그 사람의 체면이 깎일세라 세심하게 배려를 하는 상사도 있다.

이뿐 아니다. 리더 가운데는 부하 직원이 회사 안에서 체면을 깎이는 일을 일으켰을 때, 그 문제를 철저하게 규명하여 잘잘못을 따지지 않고 그 부하 직원과 퇴근 후에 술자리를 함께하며 그가 받은 정신적 쇼크를 풀어주는 데 급급하는 상사까지도 있다.

또 상사가 부하 직원의 업적을 평가한다든지, 인사고과를 하는 경우에도 각자의 체면을 세워주기 위해 모든 사람에게 평균적인 평점밖에는 매기지 않는 경우도 있다. 그리고 같은 학력, 같은 졸업 연도의 부하 직원은 다같이 일정한 연한에 승진되도록 배려하는 것이다. 만약에 자리가 모자라면 과장보니 차석이니 하는 중간 직위를 만들어서라도 정규의 관리 직위에 오르지 못한 사람들의 체면을 세워주려 한다.

물론 체면을 세워주는 것이 나쁘다는 말이 아니다. 부하 직원의 체면을 우선시하지 말고 그보다 더욱 높은 가치, 즉 철저하게 원인을 규명해서 앞으로 다시는 그러한 일이 되풀이되지 않도록 조처하는 것이 훨씬 더 리더다운 행동이라는 말이다.

눈가림식으로 문제를 덮으려는 리더

다시 말해서 체면을 세워준다는 눈가림 식으로 문제를 덮어두려 하지 말고 참으로 본인이 잘못을 반성함으로써 자발적 자기 개선에의 노력을 기울이도록 이끌어가야 한다.

우리나라 회사의 지도자들은 이렇게 부하 직원의 체면을 세워주는 미봉적이고 표면적인 술수 구사에는 아마도 세계에서 가장 노련할 것이다. 그러나 멤버의 체면을 세워주는 효과는 일시적이고 표면적인 것이며, 하나의 미봉책에 지나지 않는다는 것을 스스로 깨닫지 못한다. 멤버의 체면을 세워주는 술수를 체득하는 것이 리더 최대의 미덕이라는 생각에서 한시 빨리 벗어나야 한다. 그러나 이런 방식으로는 모든 사람을 흐리멍덩하게 대우하고, 회사를 타성으로 끌고가게 하며, 부하 직원 또한 그러한 타성에 이끌리는 원인이 된다.

부하 직원의 좋지 못한 성적이나 서투른 일에 대해서는 단호히 엄중한 평가를 내리는 태도를 취하지 않고, 부하 직원의 체면이 손상되지 않도록 언제나 흐리멍덩하게 행동하는 지도자 밑에서는 절대로 인재가 자라지 못한다.

이기는 리더들의 업무능력이 부족한 직원들의 능력을 올리는 방법은 무엇입니까?

답 열등감을 없애게 하고 자신감을 갖도록 하여 능력을 극대화하도록 유도한다.

어떤 회사의 뉴욕지점은 계속해서 전국 2위라는 아주 좋은 영업 실적을 올리고 있었다. 그런데 이 지점장은 당시 28세라는 아주 젊은 나이였다.

어떻게 해서 그 지점장이 미국 전체 2위의 지점이라는 업적을 올리게 되었는가를 살펴보자.

지점장은 우선 개인 성적이 가장 나쁜 사원이 단골을 찾아다니는 일을 거들었다. 지점장의 측면 지원에 의해서 그 사원의 개인 실적은 서서히 올라갔다. 그에 따라 그때까지 열등감에 사로잡혀 있던 그 사원은 서서히 열등감에서 벗어나고, 자기 능력에 대한 자신감을 가질 수 있게 되었다.

이렇게 지점장은 차례차례로 성적이 나쁜 사원의 실적을 올리는 데 측면적인 지원을 함으로써 부하 직원이 자신감을 갖도록 북돋워 주었다.

지금까지 성적이 나빴던 사원의 업적이 올라가면 실적이 상위에 있던 사원도 지금까지의 실적에 안심하고 있을 수가 없게된다. 이리하여 지점 전원의 실적 수준이 급속히 올라간 것이다.

"사람의 기본적인 능력이란 모두가 비슷한 것이지요. 다만 어떻게 발굴하느냐, 얼마만큼 자신감을 갖느냐에 달려 있다고 봅니다."

평소 이 지점장이 입버릇처럼 해온 말이다.

이렇게 각자의 능력은 비슷한 것인데도 실제 판매 실적에 커다란 개인차가 생기는 것은 무엇 때문인가. 그것은 본인의 잠재적 능력에 차이가 있기 때문이라기보다 자신감과 열등의식의 차이가 아닐까.

열등감을 갖는 부하직원의 공통점

업무적으로 실적이 좋은 사람은 언제나 자신감에 차 있는 반면에, 실적이 나쁜 사람은 열등감을 갖고 있기 마련이다. 이럴때 실적이 나쁜 사람에게 리더가 곁에서 자상하게 측면지원을해주며 용기를 안겨주는 것이 중요하다.

업무 능력이 뒤처지는 사람은 자칫 열등감에 사로잡히기 쉽다. 결과적으로 그런 열등감에 사로잡혀 있으면 아무리 뛰어난잠재력 능력을 가지고 있다고 하더라도 그는 능력을 제대로 발휘할 수 없게 된다.

그래서 실적이 나쁜 부하 직원에 대해서는 우선 실적을 조금이라도 올릴 수 있도록 해줌으로써 열등감을 제거하고 자신감을 갖게 해주어야 한다. 그러기 위해서는 우선 뉴욕지점장이 한 것과 같이, 실적이 나쁜 부하 직원을 특별히 돌보아 주는 것이다.

부모는 건강하지 못한 자녀에게 특별히 더 애착을 갖는다고 한다. 실제로 부모는 건강하게 잘 뛰어놀고 명랑한 아이보다 그렇지 못한 아이를 더 세심하게 돌보고 지원해 주기 마련인데, 회사에서도 이와 같다.

부하 직원도 자식처럼 생각한다는 상사도 있다. 따스한 마음으로 챙겨주는 자상한 상사는 우리 주변에 너무 많이 있다. 능률이 오르지 않는 부하 직원에게 다가가 측면지원을 해주며, 얼마든지 할 수 있다는 믿음, 해낼 것이라는 믿음을 전한다면 부하 직원은 커다란 힘을 얻을 것이 분명하다.

또 부하 직원이 조금이라도 진보하고, 실적을 조금 올렸을 경우에도 상사가 자기 이상으로 기뻐한다는 믿음과 열성을 보인다면 어떠한 부하 직원이라도 용기를 가지고 다시 일어설 수가 있는 것이다.

문 70 부하 직원에게 권한을 위임하는 것은 어떤 의미가 있습니까?

 답 부하 직원에게 도박을 거는 것과 마찬가지다.

 해설 부하 직원에게 권한을 위양함으로써 인재를 키우려면 '사람에 대한 도박'을 걸지 않으면 안 된다.

포커나 경마 등의 도박에 열중하는 사람은 많다. 그러나 도박은 에너지의 비생산적인 낭비로 끝나 버린다.

권한 위양의 참다운 뜻은 인간에게 거는 일종의 도박이다. 그러나 생산적인 도박이라고 할 수 있다.

관리자가 방침을 설정하고 부하 직원에게 모든 것을 맡겼을 때, 관리자는 이러한 도박을 걸고 있는 것이다.

그 부하 직원이 성과를 올릴 성장주인지 아닌지는 알 수가 없다. 부하 직원이 실패할지도 모른다는 걱정도 있을 것이다. 그러나 참다운 권한 위양은 관리자가 부하 직원의 실패에 관대하게 대한다는 것을 전제로 하고 있다.

전통적인 리더십으로는 상사는 부하 직원의 실패에 대해서

극히 신경질적이고, 작업의 실패나 비능률에 대해서도 결코 관대하지 않았다.

조직 생활은 냉엄하다. 업무적인 생산성에 대해서는 엄격하고 냉정하게 평가하는 것이 관례이다.

그러나 지나치게 비인간적인 냉정한 평가로 인해서, 표면적으로는 개인의 업무 능률이 향상되고 작업에 군살이 없어진다 하더라도, 내면적으로는 직원의 마음에 상처를 안겨준다면, 긴 안목으로 볼 때는 개인 각자가 가지고 있는 능력에 손실이 생기고 창조성에 결함이 생기게 된다. 이러한 손실을 없애기 위해서 관리자는 부하 직원의 일시적인 실패에 관대해야 할 필요가 있다.

부하 직원이 무엇인가에 실패해 목표를 달성하지 못했을 경우, 관리자는 당황하여 다시 세밀한 지시를 내릴 것이 아니라, 부하 직원의 잘못을 부하 직원 스스로 발견하고 스스로 대책을 강구하여 실행할 수 있도록 이끌어 주지 않으면 안 된다.

부하가 목표를 달성하지 못 했을 경우

목표 달성에 대한 실적을 평가할 때도 관리자는 일방적이고 독단적으로 평가할 것이 아니라, 관리자와 부하 직원 사이의 개인적인 대화를 통해 실적을 검토하고, 목표를 달성하지 못한 경우에는 그 원인을 함께 규명하여 부하 직원이 스스로 잘못을 자각하고, 스스로 그것에 대한 대책을 강구하도록 끌어주는 역할이 바로 인재를 키우는 리더의 태도이다.

인간은 한 번도 실패를 하지 않았을 경우에는 반드시 자만의 늪에 빠져 향상심을 잃게 된다.

쓰라린 실패를 맛봄으로써 단기간에 사고방식의 중요한 변화를 일으키고, 또 그 실패를 보충하기 위해 평상시에 기대할 수 없었던 획기적인 노력을 기울이게 된다. 이러한 노력이야말로 그 사람을 키워나가는 것이다.

한 가지 주의할 사항은, 사람에게 도박을 거는 경우에는 여러 가지 각도에서 충분히 검토한 다음 판단해야 한다. 그리고 무엇보다 일을 맡긴 사람이 인내심을 갖는 것이 중요하다. 보통 도박의 경우에는 결과가 빨리 나오지만, 사람에게 거는 도박일 경우에는 그 성패를 가늠하는 데 상당한 기간이 필요하기 때문이다.

요컨대 새끼 호랑이를 굴 밖으로 내보낼 때의 어미 호랑이와 같은 용기와 배짱, 그리고 참을성이 있어야 한다.

능력 발휘를 할지, 실패를 할지 모르는데 왜 불안이 없겠는가. 그러나 새끼 호랑이가 언제까지 계속 새끼 호랑이로 머물러 있는 것이 아니라, 새로운 도전과 시련을 거쳐 드디어 강인한 어미 호랑이로 성장할 수 있듯이, 당신의 부하 직원이 스스로 문제를 해결할 수 있도록 기회를 주는 것이 바람직한 리더상이라 할 것이다.

이기는 리더의 부하 육성법

이기는 리더가 택한 부하의 육성법은 무엇입니까?

능력 이상의 권한과 일을 주는 것이다.

"나는 학생 10명을 데리고 스키를 타러 간 일이 있었다. 학생들에게는, 바로 졸업 전이기 때문에 몸을 다치게 하면 큰일이므로 마음을 쓰고 있던 중, 내가 다리를 다치고 말았다.

그런데 그 다음부터가 문제였다. 입원하여 수술을 받은 후 다리에 깁스를 하고 1개월쯤 침대에 누워 있었다. 그리고 겨우 깁스를 뗄 단계가 되어서야 새삼스럽게 놀란 것이다.

그동안에 전혀 다리를 쓰지 않았기 때문에 수술한 다리는 대나무처럼 가늘어져 있었다. 그로부터 3개월 동안 나는 지팡이에 의지하여 걸어다녀야 했다.

이 쓰라린 경험에서 나는 살아나가는 방법에 하나의 진로를 열어준 귀중한 교훈을 얻었다. 그 교훈은 단순한 것이었다. 즉 인간은 애초에 생물학적 존재이고, 발이나 머리도 그것을 쓰지 않으면 위축된다는 사실이었다."

학계의 원로인 어떤 교수가 쓴 수상집의 한 구절이다.

학생의 연구를 지도할 때, 본인의 능력을 훨씬 넘어서는 높은 수준의 연구과제를 주어보면 의외로 대부분의 학생들이 그것을 충분히 소화해 내는 것을 볼 수 있다.

회사에서 리더가 사람을 키우는 경우에도 이와 같은 원리가 적용된다.

능력을 너무 저울질하다가는 그 사람의 성장이 정지되고, 반대로 직무를 확대하여 본인의 능력을 뛰어넘는 직무나 과제를 주면 그로 인해 그 사람은 급속하게 발전해 갈 수 있는 가능성이 많다.

한 사람에게 독립된 직무를 주어보면 그로 인해서 그 사람은 자기의 판단력을 시험해 볼 수 있고, 그 성과에 대해서도 참다운 책임감을 가질 수 있게 된다.

10개의 능력을 가진 부하에게 12의 권한을 부여한다

또 10의 능력을 가진 사람이라면 12에 해당하는 권한을 위양하고, 12의 능력을 가진 사람에게는 15쯤의 권한을 위양하는 것이 좋다.

단지 안이한 사무나 계산 혹은 작업을 위양하는 것만으로는 부하 직원의 능력이 뻗어나가지 못한다. 부하 직원에게 자기의 책임으로 결정할 수 있는 권한을 부여할 때 그의 능력은 급속하게 뻗어나갈 수 있음을 기억하라.

학생들에게도 스스로 어떤 문제를 혼자서 해결하는 과제를 주어보면 급속도로 능력이 향상되는 것을 볼 수 있는 경우와 같다. 이리 뛰고 저리 뛰며, 이 사람 저 사람에게 물어보면서라도 결국 그는 임무를 완수할 것이고, 잘했든 못했든 간에 그 과정을 통해 그는 착실한 자기 공부를 한 셈이 된다.

N사는 이 신조를 지키고 있는 회사이다. 그 회사는 결단성 있게 젊은 사원들을 발탁하여 업무적 성과에 대한 전면적인 권한과 책임을 지우고 있다.

30대의 일개 과장이 다른 회사 같으면 전무나 부사장이 처리해야 할 문제를 척척 처리해 내는가 하면, 나이 어린 평사원이 다른 회사 같으면 과장이나 부장이 아니면 다루지 못할 규모가 큰 문제를 자기의 권한과 책임 아래 처리하고 있는 것이다.

일정한 목적을 달성하기 위해 자기의 소신에 따라 선택하고 결정하는 책임감이 발탁된 젊은이의 능력을 자꾸자꾸 뻗어나가게 하고 있는 것이다. 결과적으로 이 회사의 매출은 매년 신장되고 있는 것을 볼 수 있다.

"그 사람을 사랑하거든 그 사람에게 책임을 주어보라."

어떤 대기업 관리자의 이 말은 한번 새겨볼 만하다.

문 72 이기는 리더가 부하를 질책하는 방법은 무엇입니까?

답 많은 사람 앞에서 욕하지 않는다는 등 8가지 방법이 있다. 그 8가지 방법에 대해서 자시히 논해보자.

해설 '과장이 부하 직원의 태만을 엄하게 야단쳤더니 그 부하 직원은 그 자리에서 사표를 내던지고 회사를 그만두어 버렸다.'

'많은 여공들이 일하는 공장에서 고참 여공이 어린 후배 여공에 비해서 생산성이 떨어지는 것을 본 팀장이 한 번 주의를 주었더니 그 고참 여공은 전보다 더 실수가 많아졌다.'

'어떤 상사가 어떤 부하 직원을 많은 직원들이 지켜보는 자리에서 몇 번 야단을 친 다음, 그 상사를 비방하는 고약한 소문이 돌아서 그 진원지를 알아보았더니 야단맞은 부하 직원이 발설자였다.'

이런 이야기는 수없이 많다. 이런 경우 누구에게 문제가 있다고 할 수 있을까.

벌을 주는 데도 방법이 필요한 것이, 야단을 치는 사람의 감정이 앞서면 야단을 맞는 사람 측에서는 반발심을 갖고, 눈앞에서는 행동교정을 할지언정 돌아서면 다시 같은 잘못을 저지르기 일쑤다.

지혜로운 리더라면 이런 원리를 잘 알고서 대응해야 할 것이다. 그럼 어떻게 하면 신상필벌信賞必罰을 하면서도 마음에 상처를 주지 않을 수 있을까.

다음과 같은 방법으로 상사와 부하 직원의 마음이 교류할 기회를 놓치지 않도록 해야 한다. 이러한 배려를 통해 부하 직원은 성장해 나가는 것이다.

부하직원을 질책하는 8가지 방법

첫째, 많은 사람 앞에서 욕하지 마라.

그 사람의 태만이나 잘못을 엄하게 지적하는 것은, 모든 사람 앞에서 분명히 해도 좋다. 그러나 그 사람의 인격을 손상시키고 그 사람의 입장이 난처하도록 면박을 주는 것은 삼가야 한다.

둘째, 팀장은 부하 직원과 마음의 교류를 갖기 위해 최선의 노력을 다하라.

리더십은 그를 따르는 부하 직원들의 지지에 의해서만 이루어질 수 있는 것이다.

셋째, 서로 주고받은 이야기 가운데서, 팀장은 서투른 일을 한 부하 직원을 처음부터 경멸하는 태도를 취해서는 안 된다.

넷째, 이유나 원인에 대해서는 단호하게 설명을 요구해야 하지만, 본인의 결점만을 찾는 태도는 피하라.

다섯째, 당사자와 주고받는 이야기는 서로의 입장을 변호하기 위한 말씨름이 되어서는 안 된다.

여섯째, 당사자의 잘못이나 태만을 불필요하게 확대하여 책망해서는 안 된다.

일곱째, 당사자끼리 주고받는 이야기를 통해서 장과 부하 직원 사이의 간격을 없애고, 서로 인간적으로 접근할 수 있도록 해야 한다.

여덟째, 사람은 누구를 막론하고 실패에서 더 많은 것을 배우는 능력이나 의욕이 있다는 생각으로 이야기를 주고받아야 한다.

부하 직원에게 주의를 주었을 경우, 사람에 따라 두 가지의 반응이 나타난다. 하나의 유형은, 그것을 계기로 하여 그 부하 직원은 갑자기 멀어져 버리고 서먹서먹한 관계가 된다. 또 하나의 유형은, 거꾸로 지금까지보다도 더 친근감을 갖게 되는 경우다.

이런 두 가지의 다른 반응은 부하 직원의 성격에도 달려 있지만, 그 원인의 대부분은 야단치는 쪽에 있다.

상사가 야단쳤기 때문에 그 부하 직원이 상사 곁을 떠나는 것은 상사에게 부하 직원에 대한 참다운 애정이 없었기 때문이다.

상사가 부하 직원을 엄하게 야단친 것이 계기가 되어 오히려 마음이 서로 통할 수 있게 되는 곳에 리더십이 있다.

문 73 이기는 리더가 되기 위해서 익혀야
할 사항은 무엇입니까?

 답 자신을 다스릴 줄 알아야 한다. 그러기 위해서는 자기개발에 소홀히
해서는 안된다.

 해설 "다른 사람들의 리더가 되려고 하는 사람은 먼저 자신의 주
인이 되어야 한다."

영국의 극작가 필립 매신저의 말이다.

자기 자신을 잘 다스릴 줄 아는 리더는 체면 때문에 대의大義를
그르치는 행동은 하지 않을 것이다. 부하 직원의 체면이 손상당
할까 봐 현실적인 문제를 소극적으로 대응하는 자세 또한 리더
로서 문제가 있다고 볼 수 있다.

참다운 리더라면 대大를 위해 소小를 희생한다는 것쯤은 익히
고 있어야 할 것이다.

오늘날과 같은 냉엄한 경쟁을 이겨내야 하는 사회에서는 사
람들의 체면이 깎이는 상황이 어떠한 곳에서나 필연적으로 일어
나고 있다.

판매 회의에서 한 사람의 영업부원이 목표를 달성하지 못해

서 체면을 깎인다.

어느 리더는 부서의 생산성을 떨어뜨렸기 때문에 강등을 당해 체면이 말이 아니게 된다. 또 적재적소의 인사배치가 되지 않은 경우에는, 어떤 부서의 과장이 결정할 수 있는 권한이 보류당하거나 업무상 실수를 되풀이하기도 한다.

본사의 간부가 자기가 담당한 전문영역에 대한 새로운 전문적인 지식을 모르고 있어 공부하지 않고 있다는 사실이 드러나 체면을 깎이는 사태도 일어날 수 있다.

심한 경쟁을 뚫고 살아가야 하는 기업의 입장에서 한쪽에서는 비용 절감을 위해 조직의 재편성이 불가피해지고, 다른 한쪽에서는 새로운 공장의 건설이나 새로운 사업의 개발 때문에 조직의 재편성이 이루어지기도 한다.

이러한 조직의 재편성 과정에서는 반드시 체면을 깎이는 리더가 나오게 마련이다.

예를 들어 비용 절감이나 새로운 사업 개발을 위해 두 과가 하나의 부서로 통합되었다고 하자. 한 과장은 그대로 과장이 되겠지만, 다른 한 과장은 어쩔 수 없이 과장 대우라는 직함을 받고, 동료 과장이었던 사람의 지시를 받아야 하는 서글픈 신세가 된다.

새 공장은 건설되었다고 하지만 전부터 하마평下馬評에 오르던 사람을 물리치고 새롭게 젊은 사람이 새 공장장으로 발탁되었을 경우, 발탁되지 못한 사람으로서는 엄청난 좌절을 겪고 체면을 손상당한다.

또 기획부에서 오랫동안 심혈을 기울여 연구한 결과 겨우 작성한 기획안이 사장실에서 보기 좋게 기각되었을 경우, 기획부원들은 너나없이 체면이 깎이게 된다.

이런 사태는 과거에 비해 점점 더 극심해지고 있다. 그것은 강자는 살고 약자는 죽을 수밖에 없는 경제 원리에 의한 어쩔 수 없는 대가이다.

과거의 관습을 따르면 멸망을 자초

따라서 오늘날의 리더가 과거의 지도자처럼 단지 각 개인의 체면을 세워주는 술수에 급급하고 있다면 회사는 쇠퇴의 길을 걸을 수밖에 없게 된다.

죽느냐, 사느냐 하는 절박한 입장에 놓여 있는 기업들은 구성원 몇 사람의 체면이 깎이고 마음에 상처를 입는 데에 신경을 쓰고 있을 만한 여유가 없다.

신상필벌을 하고, 환경 변화에 기업을 역동적으로 적응시켜 가면서도 각자 체면이 깎이지 않는 근본 대책은 알고 보면 간단하다.

문 74 과거의 폐습을 극복하기 위해서 경영자가 해야할 일은 무엇입니까?

 다음의 네 가지 조건에 부합한 경영체제를 만들어야 한다. 그 상세한 내용은 해설에서 다루기로 한다.

 그렇다면 과연 어떻게 해야 각자의 체면이 손상되지 않을 수 있는 경영체제를 확립할 수 있을 것인가.

첫째, 회사의 경영이념으로 실패에서 배운다는 생각을 모든 리더, 모든 종업원에게 철저히 주지시켜라.

사람은 실패의 경험에서 더 많은 것을 배운다. 실패를 돌이켜 봄으로써 뒤떨어진 자신을 발견하고, 더욱 크고 씩씩하게 성장 하려고 노력하는 것이다.

이것은 실패해도 좋다는 말이 아니다. 본인의 분발 여하에 따라서는 조그마한 실패가 더욱 큰 성공을 가져올 수도 있게 된다는 말이다.

우선 실패에서 배운다는 경영철학을 모든 리더나 종업원의 몸에 배게 할 일이다. 그렇게 되면 한 번의 실수를 저질렀다는 사실만으로 그 사람이 동료나 부하 직원에게 체면이 깎이고 얼굴을 들 수 없는 심리적 상태에 빠지는 일은 없어진다.

둘째, 회사의 경영이념으로서 능력주의를 앞세우고, 전 직원들에게 주지시켜라.

승진 조건을 엄격히 한다

대개의 회사는 관리직으로 승진시키는 경우, 학력과 입사 연차를 기준으로 하는데, 이 경우 문제가 발생한다.

즉, 같은 입사 연도의 동료가 모두 과장으로 승진했음에도 불구하고 한 사람만 뒤처지게 되면, 그 사람은 회사에서나 가정에서 체면이 깎이게 된다.

그러나 만약 그 회사에서 능력주의의 인사가 상식으로 되어 있다면 한 사람이 실적을 올리지 못했기 때문에 승진에서 뒤처지는 것은 당연하고, 그 사람은 체면을 깎인다는 정신적 타격을 받지 않아도 될 것이다.

셋째, 모든 단계에서 팀을 만들어 나가라.

예컨대 공장의 작업원이나 본사 직원은 공통된 업무에 따라 하나의 팀으로 구성하는 것이다. 그러면 팀의 결속이 단단해지면서 팀의 다른 동료가 그를 위로하고 돕고 이끌어 나가는 분위기가 형성된다.

이런 경우는, 한 사람이 체면을 깎이고 그것으로 사기가 떨어진다는 것은 어디까지나 개인적 문제가 된다. 그래서 가령 한 번 실수를 범해도 그 사람이 여전히 동료들에게서 소외당하지 않고 경원당하지 않는 한, 그 사람은 이를 만회할 수 있는 기회를 얼마든지 만들 수 있다.

그러나 체면이 깎인 사람의 인간관계에 문제가 있어서 고립되었을 때, 그 사람의 마음은 위축되고 불만이 쌓여 회사에 대해 반항심을 일으키는 위험인물이 될 수 있음을 유의해야 한다.

넷째, 적재적소에 인사 배치를 하라.

체면을 깎일 만한 사태가 발생하지 않도록 제도적으로 미리 예방하자는 것이다.

적합한 인재가 적당한 장소에 배치된다는 것은 그 일을 할 만한 역량을 가진 사람이 그 일을 맡는 것이므로, 특별한 예외적 사태가 생기지 않는 한 체면이 깎일 일은 생겨나지 않게 된다.

그러나 만일 인재를 적재적소에 배치하지 않으면 새로 부임한 관리자가 부하 직원 앞에서 실수를 범하고, 체면이 깎이게 되는 사태가 생긴다.

사람은 감정의 동물이므로, 위와 같은 방법으로 사람을 관리하는 것이 효율적인 생산성을 위한 지름길이다.

문 75 리더는 어떤 방법으로 부하의 적성을 찾아낼 수 있습니까?

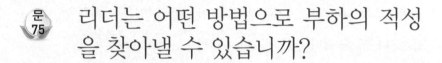

답　부하의 자단점을 파악하여 장점을 칭찬하는 과정에 부하가 작신의 재능을 발휘할 수 있게 된다.

해설　케네디 대통령의 취임 연설 가운데 다음과 같은 유명한 대목이 있다.

"국가가 나에게 무엇을 해줄 것인가를 묻기 전에 내가 국가를 위해 무엇을 할 수 있는가를 물어보아라."

이와 같이 리더는 부하 직원에 대해 이와 같이 '너는 무엇으로 조직에 공헌할 수 있는가'를 묻고, 그 공헌을 지원해 주어야 한다.

'나는 급료를 받기 위해 회사에 나오는 것이지, 회사를 위해 나오는 것이 아니므로 회사야 어떻게 되든 내가 알 바 아니다'라고 생각하는 직원이 있다면 그 잘못을 바로잡아 주어야 한다.

'나는 아무래도 회사에 도움이 되지 않는 것 같아. 도대체 능력이 없어' 하고 풀이 죽어 있는 직원이 있다면 절대로 그렇지 않으며 공헌의 여지가 얼마든지 있다고 일깨워 주어야 한다.

사람은 누구나 그 사람 독자적인 능력을 지니고 있다. 이야기를 좋아하는 사람, 싫증내지 않고 한 가지 일에 매달리는 사람, 힘든 일을 마다하지 않는 사람, 밖에 돌아다니는 일은 싫어하지만 회사 안에서 하는 일이라면 꼼짝하지 않고 열중하는 사람 등을 들 수 있다. 이러한 특징을 살릴 수 있는 일이라면 스스로 몰두한다. 이러한 개성을 인정해 주는 상사라면 부하 직원들은 그를 신뢰하게 된다.

리더에게는 언제나 사람의 능력을 어떻게 이끌어 내고, 어떻게 활용할 것인가를 생각해야 할 책임이 있다. 즉, 사람을 파악하는 능력을 키워야만 한다.

승진에서 뒤진 사람이 반드시 능력이 뒤지는 것이 아니기 때문이다. 능력을 발휘할 수 있는 기회가 없었거나, 그 능력을 활용할 만한 상사가 없었다고 하는 경우가 많다. 그 증거로, 승진이 빠른 자가 반드시 뛰어난 능력의 소유자가 아닌 경우도 많다.

인품만으로 우열을 가릴 수 없다

인품만으로 우열을 결정해 버린다는 것도 우스운 일이다. 명랑, 온화, 활발, 신중 등의 성격은 어디 업무에 적합한가에 관한 문제이지, 거기에 상하의 차이는 없다.

따라서 인품으로나 능력으로나 한 사람의 인간에게는 참으로 가지가지의 적성이 있다는 사실을 깊이 인식하고, 그 활용의 방도를 생각해야 한다.

사람은 결점을 지적당하면 자신을 잃고 소극적이 되지만, 장점을 칭찬받으면 자신을 갖고 적극적으로 행동한다는 특징을 지니고 있다. 그러므로 더욱 장점을 살릴 수 있게 해주어야 한다.

'나는 자네를 인정하지만, 회사의 상부에서는 반드시 그렇지 못해' 하고 발뺌하는 리더는 최저 수준이다. 상부나 인사 간부가 만약 잘못된 인식을 가지고 있다면 그것을 바로잡아 주는 것이 리더의 역할이기 때문이다.

또한 형편없는 부하 직원을 마구 칭찬함으로써 기고만장하게 하는 리더로서의 자격이 없다고 하지 않을 수 없다.

'자네는 이러이러한 점에 문제가 있어. 분발하도록……' 하고 기합을 주는 것 또한 리더의 중요한 임무다.

나폴레옹은 군대를 사열하다가 가끔 고참병 앞에 서서 한 사람, 한 사람에게 이렇게 말을 걸었다.

"어때? 요즈음은. 아이들은 건강한가?"

"이보게, 자네 술은 너무 하지 않는 게 좋아."

"자네 얼굴 좀 야위었군."

이와 같은 말은 옆에 있는 사람도 깊은 감동을 받는다. 섬세하게 상대방을 배려해 주는 말이야말로 상대방의 마음을 사로잡는 비결이다.

문 76 이러가 의욕을 잃은 부하들을 만회하는 방법으로 무엇이 있습니까?

 답 만회하려는 부하들을 고취시키는 방법으로 다음의 몇 가지를 들 수 있다.

 해설 일을 하는 데 있어서 능력을 발휘하고자 하는 의욕을 잃어버린 무능한 사람을 내버려두는 것은 본인을 위해서나 회사를 위해서나 큰 손실이다. 리더는 이러한 사람들이 자기 스스로 만회하려는 노력을 돕기 위한 특별한 대처가 필요하다.

첫째, 특별한 과제를 주어서 실적을 올리도록 도와주고, 실적을 올린 다음 일에 대한 자신감을 회복할 수 있도록 격려할 것.

둘째, 팀장과 부하 직원 사이에서 이야기를 주고받음으로써 자기의 단점이나 편견을 제거하고, 자기를 바꾸려는 자기 개발의 의욕을 불러일으키게 하는 계기를 만들 것.

셋째, 무엇보다도 중요한 것은 이러한 사람에게 동료의식을 회복시켜 줄 것. 그들 또한 어엿한 조직의 일원이라는 동료의식을 회복시켜 주지 않으면 안 된다. 동료나 상사 앞에서 가슴을 펼 수 없다는 의식은 그 사람을 위축시키기 때문이다.

인생은 결코 단거리 경주가 아니라 길고 긴 마라톤이다. 시작 단계의 꼴찌가 마지막 피치를 올려 1등으로 골인할 수도 있고, 처음엔 힘 있게 전진하던 사람이 형편없이 뒤떨어질 수도 있다는 말이다.

그러므로 자기가 뒤떨어진 것을 스스로 회복하려는 노력을 하느냐, 그렇지 않느냐에 따라 인생의 승패가 갈라진다. 운동 시합을 하면서 이쪽이 상대에게 포인트나 게임을 리드당했을 때는 곧잘 '파이팅!' 하고 소리를 질러 자기편을 격려하는 모습을 볼 수 있다.

리드당하면 흥분해지고 사기가 저하되어 충분히 잡을 수 있는 공도 놓치게 된다. 이대로 가면 시합은 일방적으로 결정되고 만다.

'파이팅'은 진 점수를 만회하라는 격려의 외침이다. 그러나 만회한다는 것은 그리 쉬운 일이 아니다. 마음을 가다듬지 않으면 안 된다. 그리고 만회하려는 진지한 노력은 인간의 잠재된 능력이 발휘되는 순간이다. 기울어가는 형세를 만회하여 상대를 뒤따라가서 이기는 것에 게임의 묘미가 있지 않겠는가.

능력주의의 효과

회사에서도 능력주의가 실천되어 가고 있다. 연공 순으로 인사를 결정하고 있으면, 경쟁의 바람은 불지 않는다. 이렇게 되면

마치 장마철처럼 사내의 구석구석에 곰팡이가 끼어 조직이 썩기
시작한다.

그러므로 능력주의를 채택하는 것은 사내에 경쟁의 바람을
불어넣어 곰팡이를 제거하는 것이다. 그러나 단지 업적이 오른
자를 발탁하고 업적이 오르지 않는 자를 버리는 것은 너무나 안
이한 능력주의의 실천이다. 각자의 업적을 기계적으로 평가할
수만은 없는 일이다. 목표 달성의 쉽고 어려움은 일의 성격이나
환경조건에 따라 제각기 다르기 때문이다.

능력주의를 업적에 의해서 평가하는 것은 중요하다. 그 과정
에서 업적이 오르지 않아 마음이 위축되고 의욕을 잃은 사람들
에게 자기 스스로 만회하도록 도와주어야 한다.

능력주의라고 해도 뒤처진 사람을 부추겨 앞으로 이끌고, 전
진하는 사람은 독려하여 더욱 매진할 수 있는 분위기를 만들어
주는 것이야말로 진정한 리더십이라 할 수 있다.

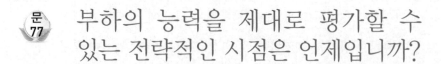

부하의 능력을 제대로 평가할 수 있는 전략적인 시점은 언제입니까?

답 부하 직원이 중간 보고서를 제출했을 경우, 부하 직원이 특별한 임무를 완료했을 경우, 새로운 프로젝트를 시작할 경우, 혹은 부하 직원이 그 달의 실적을 상사에게 보고할 경우, 기타 특별한 전기가 있을 경우 등이다.

해설 쇠는 불에 벌겋게 달구어졌을 때 치지 않으면 안 된다. 그렇지 않으면 단단한 쇠의 모습을 제대로 갖추고 다른 모양으로 바꿀 수가 없다. 사람에게도 대체로 이 쇠와 같이 단단하고 바꾸기 힘든 고집불통이 있다. 그러나 일단 불에 달구어졌을 때 치면 의외로 쉽게 그 모습을 바꿀 수가 있다.

그런데 부하 직원에 대한 평가는 부하 직원을 키우기 위한 가장 중요한 수단이다. 그러나 보통 부하 직원에 대한 평가는 인사고과의 형태로 반 년 혹은 일 년에 한 번씩 정기적으로 행해진다. 그러나 이것은 완벽한 방법이라고 할 수 없다.

가령 6개월에 한 번 인사고과가 행해진다 하더라도 반 년 전에 일어난 일에 대해서는 부하 직원도 상사도 그 기억이 희미해져 있을 것이기 때문이다.

정기적으로 부하 직원을 평가하는 것은 평가 그 자체를 형식적인 것으로 만들고 만다. 부하 직원을 올바르게 키우기 위한 평가 및 부하 직원과의 대화는 상사가 판단해서 될 수 있는 대로 전략적인 시점을 선택해야 한다.

전략적인 시기

전략적인 시점이란 어떠한 시기인가. 부하 직원이 중간 보고서를 제출했을 경우, 부하 직원이 특별한 임무를 완료했을 경우, 새로운 프로젝트를 시작할 경우, 혹은 부하 직원이 그 달의 실적을 상사에게 보고할 경우, 기타 특별한 전기가 있을 경우 등이다.

이러한 시기는 부하 직원의 긴장감이 높고 책임감 또한 강하다. 자기가 한 일에 대한 기억도 살아 있다. 그러나 부하 직원에 대한 평가는 단지 그 부하 직원의 직무 수행 범위에 한정되어서는 안 된다. 부하 직원이 활동하는 모든 영역을 포괄해야 하고, 그 활동을 뒷받침하는 정신적 태도도 언급되지 않으면 안 된다.

기술면의 감독은 어떠한지, 자기 부하 직원에 대한 태도나 동료와의 관계는 어떠한지, 어떤 문제를 결정하고 처리하는 경우의 판단력은 어떠한지, 자기 시간을 유효하게 사용하고 있는지, 사교 범위는 어떠한지, 사람을 다루는 방법은 어떠한지, 목표의 우선순위를 적절하게 정하고 있는지 등 부하 직원의 전반적 활동에 대해서 여러 가지 다른 각도에서 부하 직원을 평가하고 부하 직원과 대화를 나누어야 한다.

그러나 이야기를 주고받는 중심은 어디까지나 목표에 대한 실적의 평가여야 한다. 목표 달성에 공헌한 부하 직원의 장점에 대해서 이야기를 주고받고, 목표 달성을 방해한 부하 직원의 관리 능력상의 약점에 대해서도 이야기를 나누지 않으면 안 된다.

즉, 부하 직원의 장점과 단점에 대해서, 그것이 본인의 업적에 대해서 어느 만큼 플러스 마이너스의 요인이 되고 있는지에 대해서 평가가 이루어져야 한다. 전략적인 면에서 부하 직원이 하는 업무 평가와 더불어 부하 직원과의 대화가 이루어짐으로써 부하 직원은 다음의 새로운 목표를 세우고, 그 달성을 위해 노력하기 때문에 부하 직원 자신이 자기 손으로 자기를 바꾸어 나가게 되는 것이다. 이러한 부하 직원의 자기 변화를 이끌어 내는 것도 리더십이다.

리더가 부하와 타협하지 말아야 하는 이유는 무엇입니까?

답 그런 상사는 부하에게 무능해 보이기 때문이다. 따라서 이기는 리더는 부하에 대해서 칭찬할 것은 칭찬하고 힐책할 것은 힐책한다.

상사가 부하 직원의 비위를 맞추기 위해 부하 직원과 안이하게 타협해 버리는 경우가 많다. 그러나 그러한 리더일수록 부하 직원에게는 내심 무능한 리더로 경멸당하고 있다는 사실을 깨닫지 못한다.

어떠한 부하 직원이라도 자기 상사는 유능한 리더라고 생각하고 싶고, 또 그렇게 믿기 때문에 상사의 기대에 어긋나지 않으려고 노력하게 된다. 그러나 온정주의나 무사안일주의의 리더는 부하 직원이 엉터리로 일을 해도 그저 그렇군! 하고 체념하는 식으로 끝내고 만다. 당신의 그런 심리를 부하 직원이 모를 리 없다.

자신이 일을 잘하지 못했다는 것도 안다. 그래서 불안해하고 있는 터에, 막상 상사가 대충 무마해 주려는 태도를 보이면 한편으로는 고맙기도 하면서, 한편으로는 왜 진지하게 검토해 주지 않는 거지! 하고 불만을 품는다. 부하 직원은 점점 더 상사를 신뢰하지 않게 되고, 결국 부하 직원은 상사를 무시하게 되는 것이다.

그러므로 이기는 리더가 되기 위해서는 부하 직원의 일하는 태도에 대해서는 칭찬할 것은 칭찬하되, 그렇지 못한 부분에 대해서는 분명하게 문제점을 지적하고 더욱 좋은 성과를 올리도록 몰아붙여야 한다. 이때 부하 직원과 다소의 갈등도 각오하지 않으면 안 된다.

부하 직원은 무능해 보이는 상사를 경멸하고, 그러한 상사 밑에서 우수한 인재가 자라지 않는다.

어느 화장품 회사에서 대대적인 판매촉진 캠페인을 벌인다는 방침을 결정하고, 판매부의 각 과마다 과장이 과원들을 모아놓고 회의를 열었다.

그런데 어느 과에서는 회의가 아주 지루하고, 과원에게 일할 의욕을 불러일으킬 만한 자극을 주지 못했다는 정보가 판매부장의 귀에 들어갔다.

일반적으로 이러한 경우에 할 수 없군! 하고 체념해 버리는 리더도 많이 있지만, 그러나 이 판매부장은 즉석에서 그 판매과장을 불러 어떻게 판매 회의를 주재했는가를 자세히 물었다.

거기에서 판매과장이 장황하게 판매촉진 캠페인 방침을 일방적으로 설명하였을 뿐 과원들로부터 질문이나 의견을 들으려는 태도를 보이지 않았다는 사실이 밝혀졌다. 판매부장은 과장에게 판매회의를 다시 열도록 지시하였다.

새로운 판매방침에 전 과원이 관심을 보이도록 하고, 질문이나 의견을 내놓게 해 서로 토의하는 방식을 취하도록 한 것이다. 그 결과는 아주 좋았다. 부하 직원과 안이하게 타협하지 않고 목표를 향해 일사불란하게 멤버를 이끌어가는 리더야말로 유능한 리더다.

부하를 힐책할 때는 타이밍을 놓치지 말라

부하 직원이 낮은 성적을 올렸을 때, 리더는 타이밍을 놓치지 말고 그것을 엄하게 구체적으로 지적하지 않으면 안 된다.

일이 끝난 후 한두 달이 지나서 문제를 지적하게 되면 부하 직원은 기억이 희미하기 때문에 자기에 대한 비난으로밖에는 받아들이지 않을 것이다. 또 무엇이 서투른지, 어디가 나쁜지를 구체적으로 말하지 않고 우회적으로 이야기하게 되면 부하 직원은 자기에 대한 인격적인 비난으로 받아들인다는 것을 명심해야 한다.

부하들은 유능한 상사와 무능한 상사 의의 차이점은 무엇으로 판단합니까?

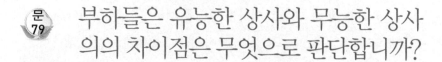

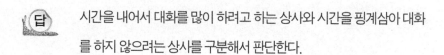

시간을 내어서 대화를 많이 하려고 하는 상사와 시간을 핑계삼아 대화 를 하지 않으려는 상사를 구분해서 판단한다.

인사고과란 인원 배치, 임금 책정, 교육 훈련 따위를 위하여 종업원이나 직원의 능력과 성적 및 태도를 종합적으로 평가 하는 일을 말하는데, 상사는 이것을 일방적으로 평가하는 경 우가 자주 발생한다.

공정한 판단기준에 의거하여 정당하게 평가하는 인사고과라 면 문제될 것이 없지만, 이렇듯 상사 개인의 감정에 의한 평가는 불공정할 뿐만 아니라 부하 직원의 마음을 다치게 하는 결과를 낳는다.

또 부서 목표가 달성되지 않을 경우에 이를 부하 직원 책임으 로 추궁하는 태도를 취하기 쉬운 것이 또한 상사이다.

인간이란 누구든지 칭찬을 받으면 기분이 좋아지고, 칭찬한 사람에게 호감을 갖게 된다. 그러나 조금이라도 자기 약점을 지 적당하거나 하면 스스로를 반성하고 자책하기에 앞서 약점을 지적한 사람에게 악의나 반항심을 갖기 쉬운 법이다.

그러므로 상대방 감정을 고려하여 문책을 하더라도 기술적으로 해야 한다.

"자네가 최선을 다했다는 것은 충분히 알고도 남지. 하지만 이번에 우리 부서 실적이 이렇게 바닥을 치고 있으니 내 입장이 여간 곤란한 게 아니야."

이런 식으로 우선 상대방의 동정심을 유발시키는 방향으로 시작을 하면, 부하 직원은 잔뜩 긴장했던 마음을 풀고 '내가 더 열심히 해야 우리 부장님이 곤란하시지 않겠구나' 하는 마음을 갖게 된다.

그런데 아예 처음부터 부하 직원에게 '문책을 해봤자 말씨름만 생기지 별소용이 없을 거야' 라는 마음에서 선수를 쳐서, 올바른 평가에 따른 우열을 가리지 않고 전원에게 평균적인 점수를 기계적으로 매겨버리는 무책임한 행동을 하는 상사가 있다.

이러한 인사고과는 인사고과를 한다는 본래의 취지에 어긋날 뿐 아니라 인재를 키우는 데도 아무런 도움이 되지 않으며, 회사의 생산성을 위해서도 반드시 지양해야 할 태도이다.

평가는 양자가 모두 동의할 수 있어야 한다

평가는 상사로부터의 일방통행이 아니라 부하 직원 자신도 그 평가를 인정하고 납득할 수 있는 것이어야 한다. 즉, 상사와 부하 직원 사이의 쌍방 교통이어야 한다. 올바른 평가란 상사와 부하 직원 사이의 허심탄회한 대화의 형식으로 이루어져야 하는 것이다.

그러나 무능한 리더는 너무 바빠서 부하 직원과 대화할 시간이 없다고 한다. 이에 비해 유능한 리더는 아무리 바쁜 때라도 시간이 없다고 말하지는 않을 것이다. 왜냐하면 유능한 사람이라면 하루 8시간을 10시간 또는 15시간으로도 시간의 효율성을 창조해 내기 때문이다.

실제로 시간이란 시계로 재는 길이라기보다 얼마나 충실하게 활용했느냐 하는 그 집중도에 따라 얼마든지 그 양에 있어서 달라지는 것이 아닌가.

인간의 업적 여하는 그 사람이 시간을 어떻게 사용하고 있는가 하는 시간의 사용법에 달려 있다. 관리 계층을 위로 거슬러 올라가면 갈수록 그 사람의 책임의 양이나 범위는 넓어지고, 일은 바빠진다.

그러니 고위층 리더일수록 현재의 일 가운데서 무엇이 전략적으로 중요하며 무엇이 덜 중요한가, 현재의 시점에서 어느 일이 회사의 수익성이나 성장성에 공헌하는가, 어느 일이 무의미한가 등을 판단할 수 있는 사람이 아니면 안 된다.

문 80 리더로서의 맹점이란 무엇을 말합니까?

 답 자신의 고정관념이나 편견, 부지불식간에 저지르는 잘못들이 맹점에 해당된다.

 해설 맹점이란 미처 생각하지 못한 점이나 모순된 점을 말하는데, 아무리 훌륭한 사람에게도 단점은 있고, 맹점도 있다. 맹점은 흔히 자신도 모르고 있는 경우가 많다. 자신의 고정관념이나 편견, 부지불식간에 저지르는 잘못들이 여기에 해당되는데, 리더는 부하 직원의 이런 점을 파악하여 시정할 수 있도록 이끌어 주어야 한다.

아니면 리더 자신이 이런 맹점이 있을 때, 내가 왜 이럴까?를 곰곰 생각해 보고 반성하여 스스로의 맹점을 고쳐나가는 노력을 기울일 필요가 있다. 소매치기를 당해본 경험이 있는 사람들은 내가 언제 어느 때 소매치기를 당했지? 하고 자신의 발자취를 더듬어 생각해 본다. 그러다가 흔히 사람들이 붐비는 데를 걷는다든지 혼잡한 전철에 탔을 때, 그 혼잡함 때문에 자신에 대한 주의가 해이했음을 자각한다.

혼잡한 버스에 탔을 때 혼잡에 주의가 쏠리는 순간 의식의 맹점이 생긴다. 또 사람들이 붐비는 혼잡스런 곳을 걷다가 잠깐 자기를 잊는 순간 의식의 맹점이 생긴다. 바로 소매치기는 이때를 노린다. 그 순간에 지갑을 소매치기 당하는 것이다.

회사 안에서 일을 하고 있는 사람도 무엇인가 맹점을 지니고 있는 경우가 많다. 그 맹점이 굳어지면 그 사람의 승진이나 업적의 향상을 방해하고 있는 것이다. 맹점은 어떤 사물의 전체를 공평하고 분명하게 보는 능력을 방해한다. 예를 들면 개성이 강한 사람은 대개 쓸모가 있는 법이지만, 자기가 어느새 이기주의자가 되고 있다는 데 생각이 미치지 못하는 경우가 많다. 또 자기 그룹이나 자기 부서의 사기를 북돋우는 데 열성적인 사람은 어느새 파벌주의에 빠져 있다는 생각을 하지 못하는 경우가 많다.

사물을 보는 능력을 방해하는 맹점

이번에는 규칙이나 규율이 엄한 것은 좋지만, 어느새 융통성과 신축성이 없는 관료주의자가 되고 있다는 데 생각이 미치지 못하는 경우도 많다. 사람은 언제나 무엇인가 맹점을 지니고 있다. 그 사람의 비전에 있어서도, 그 사람의 태도나 행동이나 결정 처리의 방법에 있어서도 맹점을 지니고 있다.

회의에서 의견을 말할 경우에도 그 사람의 주장 가운데 중대한 맹점이 내포되어 있는 경우가 많다.

아무리 애사심이 강하고, 아무리 능력이 있다 하더라도 자기 맹점에 생각이 미치고, 그것을 제거하려고 노력하지 않는 한, 참으로 회사의 목적에 공헌할 수 있는 유능한 인재로 커나갈 수는 없다.

그러한 사람은 잠재적인 능력을 지니고 있는데도 불구하고 자기 생각이 미치지 못하는 맹점 때문에 그 능력을 신장시키지 못하게 된다. 가장 많은 것이 선천적인 성격이나 자라난 환경 때문에 인간관계 면에서 여러 가지 맹점을 지니고 있는 경우다.

따라서 인간관계의 맹점이 고쳐지지 않으면 그 사람은 성장하지 못하고, 능률도 오르지 않는다. 그 결과, 그 사람의 승진까지도 방해받게 된다. 상사로서 인간관계의 어느 면에 부하 직원의 맹점이 있는가, 그 맹점이 그 사람의 성적을 어떻게 방해하고 있는가, 우선 맹점의 정체를 분명히 자각시켜 주는 것이 중요하다.

이기는 리더의
부하에 대한 자세

부하에 대한 용서가 미덕인 이유는 무엇입니까?

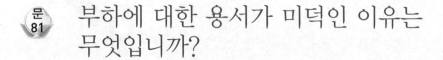

답 용서를 받음으로서 더욱 분발하는 계기가 되기 때문이다.

해설 용서란 인간의 감정으로서 실로 어려운 말이 아닐 수 없다.
조직 전체에 피해를 입히고, 상사에게 불이익을 주거나 또는
팀 전체에 마이너스 효과만 끼치는 부하 직원이 있다면, 그
사람을 문책하거나 용서하는 방법 두 가지 중 하나의 제스처
를 취하는 것이 리더의 태도일 것이다.

성격이 급하고 직선적인 리더는 눈엣가시 같은 존재를 불러
서 대뜸 큰 소리로 나무랄 것이다. 일단 감정이 상할 만큼 상한
터이므로, 좋은 표현이 나올 리 없다.

부하 직원은 자신의 잘못을 깨닫기보다 그 기세에 눌려 안절
부절 못하며 엉거주춤 서 있다. 이런 상황은 매일같이 회사에서
벌어지는 광경의 하나일 수 있다.

어떤 회사에서는 일정 기간의 판매실적이 목표를 크게 하회
할 때마다 영업부장을 곧바로 평사원으로 강등시켜 버린 적이

있다.

또 어떤 회사에서는 사원이 실수를 저지르면 그것이 그리 중대한 것이 아니더라도 지방의 작은 공장으로 좌천시켜 버려 다시 만회하기 힘든 존재로 매장시키는 관례가 있었다. 하지만 이런 처분이 과연 바람직한 방법일까 한번 생각해 보는 것이 좋다.

이렇게 실패에 대해서 회사가 너무나 결벽주의만을 고집하면 인재가 자라지 않는다. 한 사람이 어떠한 성과를 올리려 할 경우, 그 도중에서 서투른 판단이나 실수를 범하는 것은 있을 수 있는 일이다. 사람은 실패를 범했을 때에 안이한 성공에서 얻을 수 없는 많은 것을 배우게 된다.

또 웬만한 사람이라면 실패를 만회하기 위해 보통 사람 이상의 노력을 기울인다. 만회하려는 노력의 과정을 통해서 인간은 성장해 간다.

그러나 단 한 번 실수를 저질렀다고 영원히 매장되어 버리는 체제에서는 모든 사원이 명령받은 일이나 결정된 일만을 그저 충실하게 수행하는 논에러주의자가 되고 만다.

완전주이와 잘벽주의의 폐해

완전무결하다는 것, 절대로 실수를 저지르지 않는다는 것은 언뜻 보면 최상의 것처럼 보일지 모른다. 그러나 신이 아닌 인간이 도대체 어떻게 해서 절대로 실수를 저지르지 않을 수 있단 말인가.

그럼에도 불구하고 너무 완전주의, 결벽주의에 집착하다 보면 도무지 융통성이라고는 찾아볼 수 없는, 각박하기 이를 데 없는 풍토가 되어버리고 만다.

실수에 대해 용서하지 않는 관행 속에서는 훌륭한 인재들을 회사 밖으로 내모는 형국이 되고, 결과적으로 회사에 큰 손실을 가져온다는 사실을 리더는 잊으면 안 된다.

이런 불상사를 미연에 방지하기 위해서는 인사고과도 1년 내지 2년 이상의 장기간을 살펴보면서 이루어져야 하고, 평가를 할 때는 그 사람이 실수한 특정 문제만을 들추지 말고, 그 기간에 그가 달성한 전체적인 성과에 대해서도 인정을 해주는 공정한 평가를 할 필요가 있다.

이때 필요한 것은 그 사원과 솔직하게 이야기를 주고받는 일이다. 이야기를 주고받는 과정에서 본인 스스로 자신의 실수에 대한 맹점을 자각시키면 실수를 만회하고자 하는 맹렬한 의욕을 다시 갖게 될 것이고, 그런 과정을 거쳐 더욱 큰 성과를 이룰 수 있으며, 그 사원은 크게 자라날 수 있다.

실수나 실책을 두 번까지는 용서해야 한다. 조그마한 실수라도 용서하지 않는 결벽주의 밑에는 리더의 교체가 너무나 빈번해지기 때문에 관리자층의 안정과 계속성이 없어질 수도 있다.

어떻게 하면 부하직원을 능동적으로 만들 수 있습니까?

 답 부하의 고정관념을 탈파히도록 하고, 열등의식을 극복하도록 하면 가능하다.

 해설 부모가 어린아이를 대하듯이, 상사가 어떤 사안에 대해 부하 직원에게 일일이 소상하게 지시하거나 가르쳐 준다면 과연 좋은 일일까.

"우리 팀장님은 너무 자상하셔."

"우리는 별로 할 일도 없어. 부장님이 거의 절반은 다 해주시니까."

이런 말을 듣는 상사는 바람직한 리더라고 할 수 없다. 한 가지 한 가지씩 상사가 일일이 지시하거나 가르쳐 주지 않더라도 부하 직원 스스로 자기가 할 일을 판단하고 실행할 수 있도록, 즉 일을 알아서 처리하는 능동형 인간이 되도록 이끌어 주는 것이 훨씬 더 나은 태도이다.

그러려면 스스로 생각하고 판단할 수 있는 토양이 마련되고, 그런 토양이 자리 잡힐 때 비로소 부하 직원은 한 사람의 훌륭한 사원으로 성장해 갈 수 있다.

부하가 스스로 생각하도로 r하는 3가지 방법

부하 직원에게 자기 스스로 생각하는 습관을 갖도록 하기 위해서는 상사는 다음과 같은 세 가지 점을 거들어 주어야 한다.

첫째, 부하 직원의 편견을 제거해 주어야 한다.

회사 안에서 틀에 박힌 일을 하고 있노라면 누구나 상사와 동료에 대해서 편견을 갖기 쉽다. 또 관례나 고정관념에 사로잡혀 창조력을 발휘하는 기회가 적어진다.

그러므로 상사와 부하 직원 사이에 대화를 거듭함으로써 이러한 편견이나 고정관념을 제거해 주어야 한다.

둘째, 자신감을 갖도록 해주어야 한다.

상사와 부하 직원이 이야기를 주고받는 사이에 부하 직원은 그 실적을 바탕으로 자신감을 갖도록 해야 한다.

현재 직무에 대해서 자신감을 갖게 되는 것만이 아니라 부하 직원이 새로이 부각된 문제, 예를 들면 시장 분석 등에 대해서 성실한 관심을 나타내고, 그러한 새로운 분야에 대해서 자신감을 갖게 되면 더욱 그 자신을 북돋워주고, 그것들을 활용할 수 있는 새로운 직무를 맡김으로써 그 사람이 더욱 성장하도록 도와주어야 한다.

셋째, 부하 직원이 겉돌지 않도록 주의해야 한다.

회사 안에는 각자가 가지고 있는 일의 목표를 원활하게 달성하는 것을 방해하는 여러 가지 장애물이나 협잡물이 있다. 또 어떤 회사에서나 어느 정도의 족벌이나 학벌이 있기도 하고, 고향벌이 작용하기도 한다.

그 때문에 능률적으로 자기 목표를 달성할 수가 없어서 초조해 하는 경우도 있다. 또한 회사의 낡은 방침에 대해서 대단한 불만을 가지고 있는 경우도 있다.

이러한 사태에 대해서 아직 충분한 경험과 권한을 갖고 있지 않은 부하 직원이 혼자서 맞서게 된다면 부하 직원은 공연히 겉돌 뿐, 결과적으로 그는 불평불만 분자가 되고, 그의 진보를 기대할 수 없게 된다.

그러므로 상사는 부하 직원이 회사라는 현실을 직시하고, 그러한 사태가 없어질 때까지 기다려야 할 때도 있다는 것을 가르쳐 주지 않으면 안 된다.

이때 필요한 것은 상사와 부하 직원과의 대화이며, 그 대화를 통하여 부하 직원은 자각의 눈을 뜨게 된다. 자신감을 갖게 된 부하 직원은 더욱 열심히 일할 것이며, 부하 직원과의 대화를 통해서 상사 쪽에서도 자극을 받아 더욱 유능한 상사가 되어갈 수 있다.

이 시대에 바람직한 리더의 조건은 무엇입니까?

첫째는, 이심전심, 둘째는 문장으로 쓰는 기술, 셋째는 구두로 이야기 하는 방법이다.

말하는 것도 능력으로 평가받는 시대가 되었다. 과거에는 말을 못해도 저 사람은 내면에 다른 것이 있을 거야라고 관대하게 보는 관습이 있었다면, 현대에는 말을 못하면 자신감과 용기의 부족, 나아가서는 능력의 부족이라 평가하는 분위기가 지배적이다.

개인적인 모임이나 사교단체에서도 그러할진대, 직장에서는 다 말할 나위가 없다. 면접에서도 자신감 있게 자신을 표현하는 사람에게 많은 점수를 주며, 정확한 분석력이 있는 발표력은 곧 능력 있는 사람으로 이어진다.

아무리 뛰어난 생각을 가지고 있다고 하더라도 그 내용을 표현하지 않은 채 계속 침묵만 지키고 있으면 그 사람은 결코 인정받을 수 없다.

하지만 말을 잘한다고 해서 아무 때나 달변으로 말을 늘어놓는 것을 의미하는 것은 아니다. 말을 잘한다는 것은 적재적소의 말, 즉 때와 장소를 구분하여 때로는 짧게, 때로는 설득력 있게, 요령 있게 말을 하는 것을 말한다.

말을 잘 하지 않는 사람은 언제나 눈에 띄지 않는 존재가 되어 다른 사람의 오해를 불러일으키거나 때로는 무시당하고 업신여김을 받는 일이 발생한다.

리더의 세계에서도 마찬가지다. 무릇 바람직한 리더십이란 다른 사람의 생각이나 행동 또는 태도에 영향을 끼칠 수 있어야 하는데, 그러기 위해서는 다음 세 가지가 필수이다.

첫째는, 이심전심, 둘째는 문장으로 쓰는 기술, 셋째는 구두로 이야기하는 방법이다.

커뮤니케이션 능력이 이심전심의 기술이다

글이나 말로 표현하지 않지만, 자신의 태도나 행동으로 다른 사람의 태도나 행동에 영향을 미치는 커뮤니케이션이 이심전심인데, 그러나 이 이심전심은 가까운 사람이나 함께 생활하고 있는 소수의 사람에게만 적용될 수 있다.

과거 사회에서는 이심전심이라는 커뮤니케이션이 지도자의 덕목으로 중요시되었지만, 오늘날과 같은 사회에서 리더십을 발휘하기 위해서는 쓰는 힘과 이야기하는 힘을 기르지 않으면 안 된다.

사장이건, 부장이건, 현장의 감독자건, 여러 사람 앞에서 이야기할 수 있는 힘을 겸비하지 않는다면 뛰어난 경영자가 될 인재로 자라날 수 없다.

말을 잘하는 사람은 여러 가지 장점을 갖고 있는 경우가 많다. 다른 사람 앞에서 무언가 말을 하려면 우선 용기와 자신감이 있어야 하며, 그것은 곧 자신의 능력이 겸비되어 있다는 말과 통한다.

이제 말하는 능력은 현대인들에게 필수 덕목으로 자리 잡았다. 직장에서는 프레젠테이션을 위한 준비가 한창이며, 어떤 자리에 가서나 자신 있게 자신을 피력할 수 있는 능력은 그 사람의 평가로 이어지기 때문이다.

바꿔 말해서 이제 사회 분위기는 말을 못하는 사람에 대해 관대하지 않다. 말을 못하는 사람은 용기와 능력이 없는 사람, 사고력이 부족한 사람, 자의식 과잉의 사람으로 인정하는 분위기가 지배적이다.

말하는 능력은 기술이며, 훈련으로 얼마든지 가능하다. 짧은 시간 안에 상대방에게 정확하게 의견을 전달하는 기술을 익히고, 또 평소 일상생활에서 어떻게 말을 해야 할 것인가를 공부하고 실행해 나간다면 당신도 말을 잘하는 리더가 될 수 있다.

리더는 언제 변화의 모습을 보여 주어야 합니까?

답 인생에서 세 번의 중요한 기회를 맞게 된다. 그 때 변할 수있도록 준비
를 해두어야 한다.

사람은 누구나 한두 번쯤 인생의 커다란 전기轉機를 맞게 된
다. 큰 전환점이 되는 시기를 축으로 하여 변화하지 않으면
성장의 계기를 붙잡기 어렵다. 회사에 들어와서 처음으로 팀
장이라는 관리직에 임명되었을 때나 과장이 되었을 때, 부장
으로 승진했을 때, 혹은 드디어 임원이 되었을 때, 그것은 회
사가 그 사람의 인생에 하나의 전기를 마련해 주는 것이다.

같은 팀장 시대에도 공장의 팀장에서 본사의 팀장으로 자리
가 바뀌었을 경우, 그것도 하나의 새로운 임명이고, 하나의 전기
가 되는 것이다.

결혼식에 참석해 보면 결혼을 전기로 하여 변화되어야 한다
는 취지의 말을 듣게 되는데, 우스운 이야기일지 모르지만 이것
은 결혼을 한 뒤로는 마음을 바꾸어 바람을 피우라고 하는 말이
아니다.

결혼이라는 인생의 전기를 축으로 하여 사람 자체가 바뀌는 것 같은 발전의 계기로 삼지 않으면, 그 사람은 보다 발전하지 못하고 만다는 것을 이야기하는 것이다.

어떤 사람의 경우를 보자. A라는 사람은 처음에 그 회사의 조사부 차장이었지만, 얼마 되지 않아 조사부장이 되고, 그리고 이사가 되었으며, 오래지 않아 상무이사가 되고, 현재는 전무이사로 있다. 그러는 사이에 그 사람에게 변화하지 않는 것이 남아 있으면서도 한편으로는 여러 가지 면에서 변화하는 것이 생겼다.

예를 들면 사고방식이나 태도에 있어서도, 시간의 사용법이나 동료와의 관계를 유지하는 방법에 있어서도, 여러 가지 관심을 가질지는 정보의 종류에 대해서도 변화를 하고 있었다.

이것은 그 사람이 인간적 바탕은 동질성을 유지한 채, 끊임없이 발전의 계기를 모색하면서 땀 흘려 노력하고 있다는 것을 말한다.

환경에 따라 변하지 않으면 패한다

여러 가지 환경에서 조건에 따라 사람이 변화하지 않으면 그 사람은 성장을 멈추고 만다.

회사나 조직에서 새로운 직책으로 임명되었을 때 한편으로는 새로운 직위의 중요성을 자각하고 커다란 포부를 갖는다. 그러나 한 가닥의 불안이 없을 수 없으리라. 따라서 이 시기에 있어서 한 마디 조언이나 시사가 그 사람이 살아가는 방법에 결정적인 영향을 끼치는 수가 많다.

그리고 또 다른 한편으로, 새로 임명되었을 때는 누구나 일종의 독립 상태에 놓이게 된다.

경영자는 그 사람이라면 할 수 있다고 하는 일종의 신뢰 투표를 던져 그 사람을 새로 임명했을 것이다. 일을 잘하리라고 기대하고 주목하고 있기 때문이다.

동료나 부하 직원들 중에는 당신의 새로운 직위를 질투심으로 바라보는 사람도 있다. 따라서 새로 임명되었을 때, 큰 실수를 저지르거나 직책을 제대로 수행하지 못할 경우에는 그 사람의 승진은 거기에서 끝나버릴지도 모른다.

언제나 새롭게 변신하는 모습을 갖추도록 노력하라.

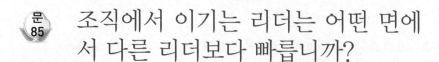

문 85 조직에서 이기는 리더는 어떤 면에서 다른 리더보다 빠릅니까?

답 리더는 판단이 빨라야 한다. 무조건 빠른 것이 아니라 상대방의 의견을 충분히 듣고, 적기에 적절한 판단을 내리는 것은 조직이나 기업의 사활과 직결되는 일이다.

해설 리더는 판단이 빨라야 한다. 무조건 빠른 것이 아니라 상대방의 의견을 충분히 듣고, 적기에 적절한 판단을 내리는 것은 조직이나 기업의 사활과 직결되는 일이다. 중대 사안에 대해 결정을 내리는 역할이 리더이므로, 중언부언 말을 번복해서도 안 된다. 한번 결정을 내렸으면 단호한 태도로 밀고나가는 자세가 필요하다.

역사상 가장 뛰어난 리더십을 발휘했던 군인으로는 알렉산더 대왕이나 아이젠하워 대통령을 꼽을 수 있다.

알렉산더는 젊은 나이에 뛰어난 리더십을 발휘해 유럽에서 인도에 이르는 대륙을 석권했다. 그러나 싸움터에서 말라리아에 걸려 급서했다.

그는 임종할 때 주위를 에워싸고 있는 장군들을 둘러보며 "후계자는 이 중에서 가장 강한 자가 되라"하고 말했다는 에피소드가 있다.

설령 자기가 신뢰하는 인물을 지명한다 하더라도 자기가 죽고 나면 결국 실력 있는 자에게 정권을 빼앗기게 되고 만다는 사실을 알고 있었기 때문이다.

아이젠하워는 맥아더와 함께 제2차 세계대전의 영웅이었지만, 육군 사관학교 시절에는 맥아더가 단연 수재로서 많은 사람들의 선망의 대상이었다.

그러나 아이젠하워는 범용한 사나이로서, 졸업 때는 중간 정도의 성적에 불과했다. 아무도 그가 장차 대통령이 될 만한 큰 인물이라고는 생각하지 않았던 것 같다.

그런데 어찌해서 맥아더 원수는 트루먼 대통령에 의해 면직되고, '노병은 죽지 않는다. 다만 사라질 뿐이다' 라는 말을 남기고 퇴역하지 않을 수 없게 된 것인가.

맥아더와 아이젠하워

여기에 인생의 오묘함이 있다. 기록을 보면 맥아더는 자존심이 강하고, 고립적이었으며, 스타일리스트였다. 그러나 사람을 다룬다는 점에 있어서는 아이젠하워에게 미치지 못했던 것이다.

아이젠하워는 무엇보다도 사람을 좋아했고, 그래서 사람들 또한 아이젠하워를 지극히 따랐다. 그의 애칭인 '아이크(IKE)' 는

'I like'의 약자였다.

아이젠하워는 젊었을 때부터 사람을 다루는 데 있어 뛰어난 재능을 보였고, 따라서 자연히 주위에서 밀어주어 급성장을 할 수 있었다.

특히 그의 역량이 최고로 발휘된 것은 대서양 연합군 총사령관이 되었을 때였다.

맥아더의 독무대였던 태평양 연합군과 달리 유럽에서는 영국의 처칠, 프랑스의 드골이라는 대형 거물이 버티고 있는 데다가 미국인을 깔보는 유럽 대국들의 연합이었으므로 이를 조절하고 통솔해 간다는 것은 보통 일이 아니었다.

이들을 이끌고 히틀러를 타도하기 위해서는 아이젠하워와 같은 천성적인 리더십이 불가결했던 것이다.

그는 먼저 모든 사람들의 의견을 충분히 들었으며, 그리고 어떤 결론이 무르익었을 때 단호한 결단을 내렸다.

조직에서 방관자란 어떤 사람을 가리킵니까?

 방관자란 노예정신을 가진 사람을 말한다. 시키면 하고, 안 시키면 안 하고, 감시하면 하고, 감시를 안 하면 안 하고, 자율적으로 움직이는 것이 아니라, 지시에 따라 기계처럼 단순 작업만 반복할 뿐이다.

 인간은 누구나 파괴적이며 호전적인 본능과, 생산적이며 창조적인 본능이라는 두 가지 면을 가지고 있다.

리더십이란 그 가운데 최선의 것을 끄집어내어 그것을 생산적인 것, 건설적인 것, 창조적인 것으로 향하게 이끌어 주는 힘을 말한다.

자신이 주체가 되어 일을 하는 것과 방관자의 태도로 일을 하는 것과는 엄청난 차이가 난다. 말할 것도 없이 방관자란 노예정신을 가진 사람을 말한다. 시키면 하고, 안 시키면 안 하고, 감시하면 하고, 감시를 안 하면 안 하고, 자율적으로 움직이는 것이 아니라, 지시에 따라 기계처럼 단순 작업만 반복할 뿐이다.

물론 창의성이라곤 찾아볼 수 없다. 눈치만 보면서 주변 분위기에 영합하는 것이 고작이다. 이런 사람은 평생 말단 직원을 면치 못한다.

두 곳의 화재 현장에서 두 가지 전혀 다른 광경이 벌어진 적이 있었다. 그 하나는, 테니스 클럽에서 테니스를 하고 있던 어느 일요일 오후 3시경, 코트 근처의 상점에서 불이 났을 때의 일이다.

테니스를 치던 여러 회원들은 정신없이 현장으로 달려갔는데, 누군가가 양동이 릴레이를 하자! 하고 말을 꺼내, 자연히 몇 사람은 일정한 간격을 두고 양동이 릴레이로 물을 운반하고 두 사람이 불을 끄는 일을 맡았다. 그래서 소방차가 현장에 도착하기 직전까지 모두가 그 불을 꺼버렸다.

또 하나는, 어느 상가에서 오후 8시경 불이 났을 때, 불길이 높이 솟아 밤하늘을 붉게 물들이고 있었다. 구경하기 좋아하는 관중이 많이 모여들어 거리는 큰 혼잡을 이루고 있었다.

소방차가 물을 뿌리기 시작한 지 20분쯤 지나서 불길은 거의 가라앉았다. 그 때 군중 속의 한 사람이 "뭐야 시시하게. 벌써 꺼져 버렸어!" 하고 투덜댔다. 두 군데 화재 현장에 있었던 사람들은 모두가 같은 도시의 같은 사람으로서 공통된 점을 지니고 있다.

선한 능력이 있다

다만 전자의 경우에는, 사람의 선한 능력이 발휘되었기 때문에 군중 가운데 건설적인 본능과 협력적인 본능을 끌어낼 수 있었다.

그러나 후자의 경우에는 그런 능력이 없었기 때문에 군중은 오합지졸이 되고, 오히려 화재 현장의 혼잡을 좋아하는 구경꾼 근성이 발휘되고 말았다.

이렇게 리더십의 힘은 엄청나다. 멤버들에게 잠재되어 있는 생산적이고 건설적이고 창조적인 힘을 끌어낼 수 있느냐 없느냐, 또 얼마나 크게 향상시킬 수 있느냐에 따라 회사와 조직, 나아가 국가의 역사가 바뀔 수 있다.

회사에서도 업적이 나쁜 회사일수록 구경꾼 근성이 강한 리더나 사원을 볼 수 있다. 어떤 부문에 실수가 있거나 잘 안 되는 일이 있으면 '그것 봐라!' 하는 구경꾼 근성을 발휘하며 즐기는 것이다.

이러한 나쁜 근성은 자기 자신의 발전을 막을 뿐만 아니라, 구성원들 전체에 나쁜 분위기를 전파시킨다는 사실을 잊어서는 안 된다.

당신이 리더라면 아랫사람의 생산적이고 협력적인 본능을 이끌어 내야 하며, 당신의 상사가 있다면 이런 구경꾼 근성을 버리고 생산적이고 협력적인 자세를 가지려는 노력을 해야 한다.

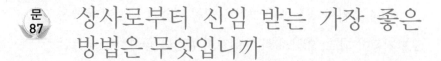

상사로부터 신임 받는 가장 좋은
방법은 무엇입니까

답 어떤 생각으로 이끌려면 그 생각을 무심코 상사의 마음속에 심어주어
서 그에게 관심을 가지도록 하는 것이 제일 좋은 방법이다. 다시 말하
면 그가 스스로 그것을 생각해낸 것처럼 만드는 것이다.

해설 사람들은 남에게 강요당한 의견보다는 자신이 스스로 생각
해 낸 의견을 훨씬 중요시하는 법이다. 따라서 남에게 무조건
자기 의견을 강요하려 드는 것은 근본적으로 틀린 생각이다.

상대방에게 암시를 주어 스스로 결론을 내도록 유도하는 것
이 현명한 방법이다. 스스로 판단하되 이쪽 의견과 비슷한 결론
을 내리도록 판단의 자료를 제공해 주어야 한다.

노벨평화상을 받은 우드로우 윌슨이 미국 대통령으로 재직할
당시 하우스 대령은 국내외 여러 가지 문제에 대하여 대단한 영
향력을 가지고 있었다.

윌슨은 중요한 문제의 의논 상대자로서 각료들보다 하우스
대령을 더 신임하고 있었다.

그렇다면 하우스 대령은 어떠한 방법으로 윌슨 대통령의 신

임을 얻었을까. 후일 그가 친구에게 털어놓은 이야기를 들어보자.

"내가 대통령과 알게 된 뒤 알아차린 일이지만, 그를 어떤 생각으로 이끌려면 그 생각을 무심코 그의 마음속에 심어주어서 그에게 관심을 가지도록 하는 것이 제일 좋은 방법이라는 사실이었다. 다시 말하면 그가 스스로 그것을 생각해낸 것처럼 만드는 것이다. 나는 극히 우연한 기회에 처음으로 이런 효과를 발견하게 되었다. 어느 날 백악관으로 대통령을 방문하여, 어떤 문제를 토의하게 되었다. 그는 아무래도 반대하는 눈치였다. 그런데 며칠 후, 어느 만찬회 자리에서 그가 발표한 의견은 전에 내가 그에게 말한 것과 똑같았다. 나는 놀라지 않을 수 없었다."

비즈니스에서 혹은 직장에서 우리들과 대화하고 교섭하며 절충하는 상대자는 모두 이 이야기와 똑같은 유형이라는 사실을 명심해야 한다.

자신의 마음을 먼저 열어준다

유진 웨슨이라는 상업 디자이너의 이야기를 보자.

웨슨의 직업은 직물 제조업자에게 의장을 공급하는 스튜디오에 스케치를 판매하는 것이었다.

그는 뉴욕의 일류 디자이너를 3년 동안이나 매주 방문하고 있었다. 웨슨은 이렇게 회고했다.

"그는 내가 방문하면 언제나 만나 주었지만, 그렇다고 내 물건을 사준 적은 없었습니다. 나의 스케치를 주의 깊게 들여다보고는 '안 되겠는데요. 오늘 것은 아무래도 마음에 들지 않습니다' 라고 말했습니다."

이렇게 무려 150번이나 되는 실패를 거듭한 뒤에야 비로소 그는 방법을 바꾸어 미완성 스케치를 몇 장 가지고 그 스튜디오로 달려갔다.

"실은 여기에 미완성 스케치를 몇 장 가지고 왔는데, 이것을 어떻게 마무리하면 댁의 용도에 맞을 수 있는지 좀 가르쳐 주실 수 없겠습니까?'

디자이너는 한참 쳐다보다가 이윽고 며칠 맡아두겠다는 말을 했고, 그 후 그가 주문한 대로 스케치를 완성해 주면서 사업 기반을 쌓아나가기 시작했다는 것이다.

자신의 마음을 먼저 헤아려준다면 상대방은 비로소 만족하여 긍정의 표시를 한다는 사실을 명심하라.

회사나 조직에서는 되도록 많은 사람에게 말할 기회를 주고, 팀에서도 부원들이 자유롭게 자기 의견을 말할 수 있는 분위기를 형성하며, 개인적으로도 리더와 부하 직원 간에 허심탄회한 이야기를 나눌 수 있는 분위기를 만들어 주어야 한다.

문 88 조직에서 누구를 제일 먼저 인정해 주어야 합니까?

 답 리더는 먼저 조직원을 먼저 인정해주어야 그 조지깅 발전한다.

 해설 대기업인 A사와 B사의 세일즈맨을 비교해 보자.

A사의 세일즈맨은 '오늘은 혹시 주문이 있습니까?' 하는 식으로 단골을 순회만 하고 있다.

이에 반해 B사는 세일즈맨은 자기 회사의 신제품을 소개하여 단골에게 관심을 갖게 하고, 그 제품의 세일링 포인트를 강조할 뿐 아니라, 단골 업체의 경영에 필요한 여러 가지 정보를 제공하고 있다.

당연한 일이지만, B사의 세일즈맨은 A사의 세일즈맨에 비하여 세 배 가까운 높은 실적을 올리고 있다.

A사와 B사의 이러한 업적의 차이는 왜 생기는 것일까.

우선 A사의 인사 방침은 어디까지나 온정주의적인 연공서열제다. 임금이나 급료의 결정, 승진에 관한 문제가 학력이나 연공서열에 따라 결정되고 있다.

그리고 관리직과 일반 종업원 사이, 과장과 부장 사이, 직원인 부장과 임원 사이에는 계급의식이 강하게 작용하고 있다. 따라서 그럭저럭 하루하루를 보내려는 사람들에게 A사는 지극히 편한 회사다.

왜냐하면 연공서열이나 학력주의라는 기득권에 의하여 각자가 타인과의 경쟁에서 보호되고 있기 때문이다. 안심하고 편안하게 생활할 수 있고, 아무리 무능하더라도 강등이나 좌천당할 걱정이 없다.

그리고 A사의 사원은 아무리 뛰어난 실적을 올려도 제대로 인정을 받지 못한다. 아무런 보답을 받을 수 없는 것이다.

그래서 그들은 체념에 가까운 기분으로 나날을 보내고, 모든 사원의 사기는 낮아진다.

A사 사원에게는 스스로 목표를 정하여 그것을 달성하려는 적극적인 노력이 전혀 없게 된다. 당연한 결과로서 A사는 수익성도 나쁘고 성장성도 거의 없다.

회사가 성장하지 않으면 자리도 늘지 않는다. 그래서 신입 사원의 보충도 없다.

안락의자는 낡은 사람이 차지한다

안락한 의자는 낡은 사람이 다 차지하게 된다. 그 결과 더욱 모든 사람의 사기를 저하시키고, 회사에는 침체의 공기만이 깊어진다. 즉 회사는 사기의 악순환에 빠져 있는 것이다.

이러한 회사에서는 어떠한 사람도 그 능력 이하의 일밖에 못하게 된다.

이에 반하여 B사는 능력주의의 인사 방침을 취하고 있다. 승진이나 좌천은 물론, 승급의 결정이나 상여금의 배당에는 실적주의를 취하고 있다.

세일즈맨뿐만 아니라 모든 사원은 명확한 목표를 세워서 일하고 있으며, 마음 놓고 실적을 올리고 자기 계발을 꾀할 수 있다.

직원들을 가로막고 있는 벽이 없는 것이다. 갈 길이 막혀 있지 않은 것이다. 그래서 사람들은 열심히 일하는 적극성이 있고 사기가 높다.

회사원들은 화사에서 경제적 욕구 외에 어떤 욕구를 가지고 있습니까?

 자신의 일에 대한 긍지심을 느끼고자하는 욕구가 있다.

 혼다 오토바이로 세계를 휩쓴 혼다 기연 회사의 창업자 혼다 소이치로는 이렇게 말한 바 있다.

"회사를 위해서 일하라는 임원이 있다면 머리가 낡았다. 넌센스다. 회사를 위해서가 아니라 자유인으로서 훌륭하게 지낼 수 있게 자신을 위해서 일하라. 그 수단으로서 회사에서 일하는 것이다."

이제까지 경영자는 회사를 위해서 일하라는 슬로건을 직원들에게 강조하여 왔다. 그러나 이것으로 사람을 움직일 수 없다. 사람은 자기를 위해서 일한다는 자각을 갖는 데서 비로소 참으로 일할 기분이 생기는 것이다.

인간은 여러 가지 꿈을 가지고 살아간다. 멋진 집을 갖고, 가족과 함께 안락하고 평온하게 살아가고 싶다. 자기 또한 직장에서 무엇인가 보람을 찾고, 성취감 같은 것을 맛보면서 일하고 싶다…… 등등, 저마다 미래의 꿈을 실현하기 위해 오늘의 고난을 이기는 힘을 얻는 것이다.

그러기 위해서 회사에서 열심히 일해야 하고, 열심히 일한다면 회사는 그러한 생활을 보장해 줄 것이다. 이런 마음에서 모두가 열심히 일하는 것이다.

『근대 조직론』을 쓴 바너드 사이몬은, "모든 조직은 개인의 목적을 달성하기 위해서 존재하며, 각 개인은 조직에 참가함으로써 자신의 목적도 달성하게 된다"고 말했다.

회사와 개인간의 주고받는 유인

회사라는 조직과 개인과의 관계도 마찬가지다. 개인은 회사의 목적 달성에 필요한 공헌을 하고, 회사는 각 개인에게 그의 동기나 목적을 만족시킬 수 있는 '유인', 즉 대가를 제공하는 것이다.

회사가 개인에게 제공하는 유인이 각자의 개인적 동기나 목적을 만족시키는 데 충분할 때는 사원들이 각자 자기가 소속되어 있는 회사의 목적에 공헌하려는 일할 기분이 생기는 것이다.

따라서 사원들의 사기도 높아지고 생산성도 향상된다. 그리고 또 각자의 요구가 만족되는 데 따라 이직률도 낮아진다. 그렇다면 회사가 각 개인의 공헌을 이끌어 낼 수 있는 유인은 무엇일까.

우선 임금이나 상여금 등 경제적 보수가 있는데, 급료만 늘리면 각자의 회사에 대한 공헌도는 그만큼 자동적으로 늘어난다는 생각이 일반적이다. 그러나 더 근본적인 중대한 유인이 있다.

사람은 단지 임금 등의 경제적 욕구만을 채우기 위해 회사에서 일하는 것은 아니다. 그 외에도 인간은 책임 있는 일이나 긍지를 느낄 수 있는 일을 하고 싶다는 강렬한 욕구를 가지고 있다.

경제적 반대급부라는 유인 이외에 '일에 대한 긍지' 라는 유인이 주어질 때 사람은 진정으로 일할 기분을 갖고 열의가 생겨나게 되는 것이다.

심리학자 매슬로의 인간의 5대 욕구 중 가장 상위에는 이러한 긍지, 즉 자아실현의 욕구가 있다는 것을 기억해야 한다. 결과적으로 자신이 중요한 사람이라는 것, 자신이 중대한 일을 하고 있다는 자부심을 자극하면 일의 성취에서 커다란 효과를 볼 수 있다.

방해자를 협력자로 만드는 좋은 방법은 무엇입니까?

답 비공식적이 리더를 활용한다.

해설 사사건건 방해하는 사람이 있다. 또 본의는 아니지만 자꾸만 나의 일에 걸림돌이 되는 사람도 있다. 이런 사람들을 통칭해서 모두 나의 방해자라고 할 수 있다.

그런데 일을 추진하기 위해서는 이런 방해자를 피해 간다고만 해서 되는 게 아니다. 방해자를 피할 도리가 없는 경우도 있고, 피하면 쫓아오는 방해자도 있다.

이런 때 방법은 한 가지밖에 없다. 그 방해자를 협력자로 바꾸는 것이다.

당신은 그것은 불가능하다고 말할지도 모른다. '사람의 천성은 바뀌지 않는 법인데, 그 사람을 어떻게 바꾸냐? 고 의아해할지도 모른다.

그러나 사람은 바뀐다. 내가 어떻게 그를 대하느냐에 따라 사람은 얼마든지 바뀐다.

이런 사실에 확신을 갖고 방해자를 협력자로 바꾸려는 노력을 기울여야 한다.

회사에서는 대개 공식적인 리더 이외에 비공식적인 리더가 있다. 비공식적인 리더는 조직도에 따른 리더가 아니라, 어떤 기회에 중대한 결정이나 사안을 떠맡게 되는 사람을 말한다.

이와 같은 비공식적인 리더는 동창이나 동향, 혈연 또는 취미 등에 의하여 만들어지는 경우가 많다.

직장에는 동창회나 동아리, 또는 혈연이나 지연으로 맺은 관계 등, 여러 모임이 결성되어 있어서 서로 단결하고, 어려운 사람이 있으면 솔선하여 도우려 한다.

어디에나 존재하는 비공식저인 리더

어떠한 집단에나 멤버들을 이끌어가는 사람이 있는 법, 그런 비공식적인 모임에도 리더가 있게 마련이다. 그리고 어떠한 제안이 채택되어 실행되는 지름길은 비공식적인 리더에 접근해서 그 지지를 얻는 경우가 발생하는 것이다.

물론 먼저 공식적인 루트를 통해서 혁신이나 개선의 제안이 설명되고, 구성원들의 협력을 얻으려고 할 것이다. 그러나 이렇게 공식적인 것 이외에 비공식적인 루트의 협력을 얻지 않는다면 모처럼의 혁신이나 개선의 의도는 불필요한 저항을 받게 될 가능성이 많다.

예를 들면 S공장의 공식적인 조직으로서 차장의 위치는 공장장의 보좌역이다. 그리고 공장장 아래 노무과장 · 기술과장 · 제조과장, 세 사람이 같은 지위에 있다.

그런데 S공장의 실체는 이것과는 상당히 다르다. 공장장은 정년이 다 되어가기 때문에 혁신이나 개선에 대한 의욕과 의지가 없다.

현상유지로 평온하게 정년을 맞이하고 싶은 심정뿐이다. 그래서 모든 문제의 결정 처리를 차장에게 맡기고 있다. 차장은 젊지만 본사에서 파견된 유능한 인물이다.

그런데 노무과장도 차장과 같은 시기에 본사에서 파견된 의욕적이고 활기 있는 사람이다.

기술과장이나 제조과장도 사전에 노무과장과 상의하여 그 지지를 얻지 못하면 모든 일이 제대로 되지 않는다.

실체가 이렇다고 하면 공장에서는 차장이나 노무과장이 비공식적인 리더라고 할 수 있다. 혁신이나 개선의 제안은 이러한 비공식적인 리더의 지원을 얻게 되면 받아들여지기 쉽다.

비공식적인 리더는 어디에나 존재한다. 그리고 비공식적인 그룹의 멤버에 대해서 큰 영향력을 가지고 있다.

그들은 그 능력 때문에, 그 경험이나 연공 때문에, 또는 특수한 전문적인 지식을 지니고 있기 때문에, 또는 다른 사람의 시중을 잘 들어주는 인간성 때문에 모두에게 친근감을 갖게 하는 신뢰받는 사람이다.

따라서 혁신이나 개선에 관한 제안에 대해서 이 비공식적인 리더의 동의를 얻고 그 지지를 받게 되면, 그 제안은 모든 사람에게 받아들여지기 쉽지만, 반대로 비공식적인 리더의 지지를 얻지 못하면 역시 불필요한 반항이 생겨 소기의 성과를 거둘 수 없게 된다.

부하를 성공적으로
이끄는 이기는 리더

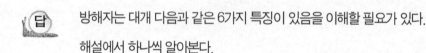

조직에서 방해자들의 공통적인 특징은 무엇입니까?

답 방해자는 대개 다음과 같은 6가지 특징이 있음을 이해할 필요가 있다. 해설에서 하나씩 알아본다.

해설 반대를 위한 반대를 일삼는 특정 개인이나 그룹이 있다. 인간의 내부에 있는 건설적인 본능을 끌어내는 것이 아니라, 언제나 파괴적인 본능이 앞서는 사람들이다.

하나의 개선안을 토의하는 과정에서 반대나 비판이 나오는 것은 당연히 환영해야 할 일이다. 그것으로 개선안의 맹점을 찾아낼 수 있고, 따라서 반대하는 사람도 그 존재가치를 가지고 있는 셈이다.

그런데 이러한 반대자들을 납득시키는 노력을 생략하고 실행에 옮기면 그 사람들이 번번이 방해자가 되고 암암리에 태업을 하므로, 그 결과 중요한 혁신이나 개선에 관한 제안이 소기의 성과를 올리지 못하게 되고 만다. 따라서 반대를 하는 사람들을 납득시키는 것이 리더십의 중요한 요건을 이루고 있다.

그리고 그 반대가 회사 전체의 이익을 방해할 경우에는 용기를 가지고 그들과 대결한다는 기분으로 그 방해자와 이야기를 나누지 않으면 안 된다. 실제로 많은 방해자가 반드시 개선안 자체에 대해서 반대하는 것이 아니다. 자기의 현재 직위나 일에 대한 부족감, 동료나 상사에 대한 불만이 표출되어 무조건 반기를 들고 나오는 심리로 나타나는 경우도 많다.

방해자들의 공통적인 6가지 특징

방해자는 대개 다음과 같은 특성이 있음을 이해할 필요가 있다.

첫째, 이기주의자이다. 모든 것을 자기 본위로만 생각하여 반대를 일삼거나 방해하거나 한다.

둘째, 자아도취가 심해 현재의 자기 직위나 일에 불만을 가지고 있다. 자기는 이런 회사의 이런 자리에 머물러 있을 사람이 아니라는 자만심으로 가득 차 매사가 시시하게 여겨지고, 그래서 반대만을 일삼는 것이다.

셋째, 상사에 대한 불만을 가지고 있다.

넷째, 동료와의 관계가 원만하지 못하다.

동료들과 사이좋게 일하지 못하는 이유가 자기 때문인데도 다른 사람이 나빠 보이고, 그들이 하는 일이 모두 옳지 않게 여겨지는 것이다.

다섯째, 그룹의 동료들에게서 고립되어 있다.

여섯째, 자기의 승진이나 승급이 뒤떨어진 것에 대한 불만을 가지고 있다. 방해자와 대결할 경우, 그 사람이 놓인 환경이나 입장을 이해하고, 그 사람의 과거 경력을 검토하여 불만의 원인을 파악할 필요가 있다.

그러나 참을성 있게 대화를 해도 그것이 헛수고로 끝날 것 같으면 해고나 강등이라는 최종적인 수단이 강구되지 않으면 안 된다.

그러한 최종 수단을 취하지 못한 채 방해자를 그대로 놓아두면 중요한 개선안도 구성원들의 협력을 얻지 못하여 큰 목표달성에 어려움을 겪거나 중도에서 파기해야 하는 사태로까지 발전할 수밖에 없다. 따라서 이야기를 주고받는 과정을 통해서 방해자의 심리적 태도를 바꾸려는 노력이 필요하다.

협상이나 설득에서 상대방을 내 편으로 만드는 힘은 이 책의 전반에서 설명하고 있는 리더십을 발휘하는 데서 나온다.

문
92
반대자들을 설득할 때 유의해야할
것은 무엇입니까?

답
반대자를 설득할 때는 다음 일곱 가지 항목에 준해서 해야 한다.

첫째, 시비를 피하라.

둘째, 상대방의 입장이 된다.

셋째, 충분히 들어준다.

넷째, 상대방이 원하는 것을 먼저 말하게 한다.

다섯째, 체면을 세워준다.

여섯째, 아름다운 마음에 호소하라.

일곱째, 잘못을 지적하지 말고 칭찬을 먼저회사에서 사사건건 반대하

는 사람들과 이야기를 나누고 협상을 하기 위해서는 어떠한 방법이 필

요할까.

해설
반대를 위한 반대를 일삼는다는 것은 부정적이고 파괴적인

인식을 토대로 하는 것이므로, 그러한 인식을 긍정적이고 생

산적인 인식으로 바꾸는 것이 가장 바람직한 대책임은 말할

필요가 없다.

그렇다면 과연 어떠한 방법으로 반대자를 납득시킬 것인가.

반대자를 설득하는 방법

첫째, 문제가 회사의 문제라기보다 모든 사원의 문제인 것을 인식시킬 필요가 있다.

문제가 단지 회사측의 일방적인 요청에서 나온 것이라고 생각되거나 또는 특정 파벌의 세력을 확장하기 위한 것으로 생각될 때는 반드시 반대나 저항이 거세어질 것이다.

그러므로 문제가 모든 사원의 문제이고, 모두의 필요에서 나온 것이라는 것을 이해시켜야 한다.

둘째, 문제의 해결책이 합리적이고 현실적이라는 것을 이해시켜야 한다.

문제의 해결책 가운데 어떤 것이 특정한 개인의 주관이나 부서 일과 관계되어 있을 때에는 외고집의 반대를 불러일으키기 쉽다.

따라서 현실 상황에 대하여 객관적으로 검토하고 조사한 결과라는 것을 나타내지 않으면 안 된다. 또 문제에 대한 해결책은 충분히 다듬어진 것이고, 관계자와 충분히 상의한 결과라는 것도 나타내야 한다.

해결책이 어떠한 효과를 갖느냐에 대해서 단지 주관이나 희망적인 관측을 말하는 것으로는 불충분하다.

그래프나 숫자를 사용하거나 또는 차트로 나타내어 그 해결책이 충분히 객관적으로 타당성 있는 것이라는 사실을 나타내야 한다. 그리고 조급하지 않게, 참을성 있게 밀고 나가야 한다는 사실을 잊어서는 안 된다.

반대하는 사람들은 대개 고집불통의 마음씨를 가진 사람들인 경우가 많다.

그들이 낡은 고정관념에서 탈피하고 구식의 방법을 고집하는 데서 벗어나 혁신이나 개선에 관한 제안에 전면적으로 협력해 올 때까지는 긍정적인 방향으로 심리적인 조정을 할 시간이 필요하다.

셋째, 테스트 결과를 가지고 납득시키는 것도 효과가 있다. 하나의 혁신이나 개선의 제안을 한꺼번에 전면적으로 실시하려고 할 경우, 사람들은 그 효과에 대해서 여러 가지 의문을 가지게 될 것이다. 그 효과에 대해서 위험이나 불확실성이 있기 때문에 반대하는 사람도 있다.

따라서 전면적으로 실행에 옮기기 전에 개선안을 우선 하나의 부서나 하나의 영업소에 대해 시험적으로 테스트하여 그 결과에 대해 모두가 검토하는 기회를 가질 필요가 있다.

그리하여 테스트 결과를 가지고 완강한 반대자를 납득시킬 수 있다. 언제나 테스트 주의로 나가는 리더는 실행력이 있는 리더이다.

반대자를 설득할 때는 다음 일곱 가지 항목에 준해서 해야 한다.

첫째, 시비를 피하라.

둘째, 상대방의 입장이 된다.

셋째, 충분히 들어준다.

넷째, 상대방이 원하는 것을 먼저 말하게 한다.

다섯째, 체면을 세워준다.

여섯째, 아름다운 마음에 호소하라.

일곱째, 잘못을 지적하지 말고 칭찬을 먼저 하라.

안테나를 가진 부하란 어떤 직원입니까?

 답 안테나를 가진 부하 직원이란 어떤 사안에 대하여 재빨리 감지하고, 통찰력과 이해력을 발휘하여 상사를 적극 돕는 사람을 말한다.

 해설 안테나를 가진 부하 직원이란 어떤 사안에 대하여 재빨리 감지하고, 통찰력과 이해력을 발휘하여 상사를 적극 돕는 사람을 말한다. 이런 사람이 있다면 상사는 매우 편안한 마음으로 권한 이양을 할 수 있을 것이다. 상사가 아무리 유능해도 모든 일을 혼자 처리할 수는 없다. 자신의 업무 속에 부하 직원의 관리, 통솔 또 업무 이양이 포함되어 있는 것이다. 그러므로 어떤 사람에게 권한을 이양할 것인가를 판단하고 결정하는 일도 상사로서는 매우 중대한 업무이다.

신뢰할 수 있는 부하 직원에게 권한을 이양하여 일을 맡기는 것이 사람을 움직이는 요령이다. 그럼으로써 부하 직원에게 차원 높은 일을 할 수 있게 하고, 자기는 더 큰 일에 매달릴 수 있게 된다. 사람은 누구나 자기를 믿고 맡겨주면 일할 의욕이 생기는 법이다.

부하 직원에게 맡긴다는 권한 위양의 방법에 관하여 정확하고 현실적인 이해가 없으면 오히려 실패를 자초하게 되는 경우가 많으므로 다음 사항에 주의해야 한다.

직원에게 일을 위임할 때 유의 사항

첫째, 참으로 신뢰할 수 있는 부하 직원이 누구인가를 확실히 파악해 두어야 한다. 신뢰할 수 있는 부하 직원은 상사에 대한 충성심이 강하고, 회사나 상사에 대한 반항심을 갖지 않는 인간이어야 한다. 또한 맡겨진 임무를 해낼 수 있는 능력과 책임감을 갖고 있는 사람이어야 한다.

그러나 이것만으로는 불충분하다. 상사의 방침에 대하여 안테나를 가져야 한다. 즉 예리한 통찰력과 감지력을 가진 부하 직원이 가장 신뢰할 수 있는 인간인 것이다. 항상 이러한 안테나를 상사의 일이나 방침의 변화에 맞추어 놓고 있는 부하 직원이 아니면 상사와 부하 직원의 팀워크는 잘 이루어질 수 없다.

둘째, 누구에게 어떠한 일에 관한 권한을 위양해야 할 것인가를 결정해야 하는 경우에, 단순히 '부하 직원을 신뢰해서 맡긴다'는 생각으로는 실패하기 쉽다.

업무의 중요성, 이에 수반되는 위험, 완료의 시기를 고려하여 특정 부하 직원에게 위양해야 한다. 부하 직원의 특성이나 장단점을 정확히 파악하여 적재적소에 권한을 위양해야 하는 것이다.

특정 임무를 담당할 수 있는 재능이 누구에게 있는지, 그 재능을 찾는다는 마음가짐으로 특정 부하 직원에게 특정 임무에 관한 권한을 위양할 필요가 있는 것이다.

셋째, 권한의 위양이라고 해서 상사가 부하 직원에게 특정한 일을 맡겨버리는 것으로 끝나는 것이 아니다.

왜냐하면 상사가 부하 직원에게 권한을 위양하더라도 부하 직원이 한 일의 결과에 대해서는 일을 맡긴 상사가 책임을 지지 않으면 안 되기 때문이다.

만약 상사로부터 위임받은 일에 대해서 부하 직원이 큰 실수를 저질렀다고 하자.

이런 경우, 그에 대한 책임은 당연히 권한을 위양한 상사가 져야 하며, 권한을 위양받은 부하 직원은 위양해 준 상사에게 실패에 대한 책임을 져야 하는 것이다.

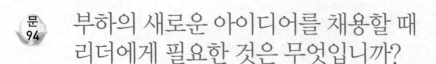

부하의 새로운 아이디어를 채용할 때 리더에게 필요한 것은 무엇입니까?

답   그 아이디어를 인정해주고 부하에게 른 신호를 보내주는 용기다.

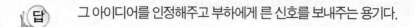

해설   IMB사는 미국의 모든 산업 순위에서 10위 안에 드는 대기업 체이며, 제너럴 일렉트릭이나 제너럴 모터스 혹은 뒤퐁보다 도 압도적으로 주식 투자가들의 사랑을 받고 있는 회사다.

이 IBM의 창업자 와트슨 1세는 누구보다도 빨리 기업 성장의 열쇠가 'thinking'에 있다는 것을 깨달은 사람이다. 그래서 이 '생 각하라!'는 IBM의 사시社是가 되었다.

말할 것도 없이 아이디어는 기업의 젖줄이다. 아이디어가 풍 부한 기업은 성장하고, 아이디어가 메마른 기업은 도산 직전에 이르기도 한다. 아무리 다른 요소를 완벽하게 갖추고 있다 해도 아이디어가 없는 기업은 이 치열한 경쟁 사회를 헤쳐 나갈 수 없 다. 그러므로 모든 사원은 총력을 기울여 아이디어를 생각해내 야 하고, 리더는 부하 직원이 좋은 아이디어를 낼 수 있도록 도 와주어야 한다.

이때 중요한 태도는 리더가 부하 직원의 아이디어에 대해서 서슴지 않고 푸른 신호를 보내주는 용기를 갖지 않으면 안 된다는 점이다.

회사에서 아이디어 경쟁은 치열하다. 서로 자신의 영달을 위해 남의 아이디어를 도용하는가 하면, 심지어 몰래 훔치는 경우도 있을 정도로 아이디어를 위한 보이지 않는 싸움이 지속된다 하겠다.

그런데 부하 직원으로부터 모처럼 새로운 아이디어가 나와도 리더 측에서 그것을 무시하거나 뭉개버리는 경우가 있는데, 이것이 부하 직원의 창의력을 짓밟는 현실적인 장애요인으로 작용하고 있다.

새로운 아이디어에 따르는 위험

그중 가장 큰 것은 리더의 용기의 결여다. 새로운 아이디어에는 위험성과 불확실성이 따르게 마련인데, 용기가 없는 리더는 아이디어의 가치를 내심으로는 인정하면서도 그것을 실행하고 그 책임을 지려고 하지 않는다. 새로운 아이디어나 제안은 모두 회의에 회부되고 심의되지만, 그 채택 여부를 결정하려고 하지 않는 것이다.

또 그 아이디어가 실현되었을 때의 가능성을 생각하는 상상력이 부족하기 때문에 상사의 결정이 늦어진다.

이렇게 회사의 장래를 위한 새로운 씨앗이 되는 아이디어에 대해서 회사 안에 여러 가지 장애 요인이 작용하고 있다.

따라서 실현 가능성이 있는 아이디어를 제출했을 때는 시기심 어린 시선으로 그것을 볼 게 아니라, 그를 인정해 주는 참다운 용기를 가지고 청신호를 보내주는 것이 진정 리더다운 태도라고 하겠다.

그리고 사원들을 '아이디어의 불임증' 에 걸리게 하는 여러 요인을 제거하는 것도 리더의 임무이다. 즉 회사 전체에 아이디어나 실험 혹은 탐구심을 장려하는 분위기를 조성할 필요가 있는 것이다.

그런 분위기 속에서 부하 직원 한 사람 한 사람의 아이디어가 모두에게 이해되고, 지지를 얻을 수 있도록 이끌어 주어야 한다.

최종적으로는 부하 직원의 훌륭한 아이디어나 기획이 실행될 수 있도록 적극 지지하며, 그의 성과를 칭찬해 주는 자세도 필요하다.

그러나 회사 안에는 새로운 아이디어를 방해하는 적신호가 너무 많은 데다, 아무리 좋은 아이디어라도 즉석에서 열성적인 지지를 얻을 수는 없다. 이 과정에서 리더로서는 인내심이 가장 필요하다.

높은 목표수준으로 관리하는 리더 십은 부하에게 어떤 모습으로 보여 줍니까?

답

다음과 같은 몇 가지 사실을 보여 주었다.

해설

경영자에게는 확고한 비전이 있어야 한다. 내일은 오늘보다 낫고, 내년은 금년보다 나아질 것이라는 꿈과 확신을 가지고 종업원을 이끌어 나가야 한다. 그리고 이것을 각 관리단계로 낮추어 본다면 높은 목표 수준으로 관리해야 한다는 말이 된다.

아무리 말단의 관리 단계에서라도 이러한 꿈과 확신, 비전이 있지 않고서는 모두가 현상에 만족하고, 드디어는 현상의 유지에 급급하는 집단으로 전락하게 될 것이다. 어떤 방직 공장에서는 한 사람의 팀장이 우수한 성적을 올리고 있었는데, 이 팀장의 리더십의 패턴은 다음과 같은 것이었다.

ㅇ 부하 직원은 65명인데, 이를 공정에 따라 네 개의 그룹으로 나누고, 그룹의 리더로서 반장을 두고 있다.

ㅇ 각 그룹의 생산성의 결과에 대하여는 각 그룹마다 전원이

모여 토의하도록 한다.

○ 종업원들로부터 제안이 나오도록 장려하고 있다.

○ 반장이나 종업원이 어려움을 당할 때에는 적극적으로 이를 돕는다.

○ 각 그룹 사이의 팀워크를 강조하고 있다.

○ 각 종업원의 개인적 괴로움에 대해서는 충분한 시간을 할애하여 인사 상담을 하고 있다.

○ 각 그룹의 목표는 기계의 운전 속도나 가동률에 의하여 설정되어 있지만, 그 목표 수준은 과거에 올린 최고치를 기준으로 하여 결정하고 있다. 이렇듯 업적에 관해서는 야심적인 높은 목표 수준을 설정하여 리더십을 발휘하고 있었다. 당연히 이 리더의 팀은 목표 수준을 달성하지 못하는 경우가 없었다. 이렇게 목표 수준이 높을 때, 멤버들은 삭막한 공정에서도 꿈을 키우게 된다. 즉, 비전을 가지게 되는 것이다.

종업원에게 비춰진 리더십

그렇다면 높은 목표 수준으로 관리하는 리더십은 종업원들에게 어떻게 받아들여지고 있을까 궁금하지 않을 수 없다. 이 직장의 종업원들과 면접해 본 결과, 다음과 같은 사실이 드러났다.

○ 팀장은 좋은 사람이라고 생각한다.

○ 팀장에게는 무슨 말이나 할 수 있다.

○ 팀장은 우리들 한 사람 한 사람에 대하여 상당한 관심을 가지고 있다.

○ 일을 잘했을 때, 팀장은 반드시 칭찬해 준다.

○ 우리들이 어떤 제안을 하면 이를 진지하게 검토한다.

○ 우리 팀은 서로 마음을 터놓고 이야기할 정도로 사이가 좋다.

이 직장의 직원들은 모두 자기가 하고 있는 일에 대하여 만족하고 있으며, 회사에 대해서도 별다른 불만이 없는 것으로 나타났다.

목표 수준을 낮게 설정해 놓고 부하 직원에게 영합하는 달콤한 리더십을 가진 상사 아래서 근무한다면 좀 편할 수는 있을지라도, 직원은 일이나 회사에 대하여 만족감을 갖지 못할 것이다.

야심적인 높은 목표 수준으로 관리함으로써 오히려 일에 대한 사기가 높아지고, 의욕적인 종업원이 늘어나게 되는 것이다.

칭찬과 아첨은 어떻게 다릅니까?

찬은 진실인 데 반하여, 아첨은 진실이 아니다. 칭찬은 마음속에서 우러나오는 것이지만, 아첨은 혓바닥 끝에서 나오는 것에 지나지 않는다.

사람은 일반적으로 어떤 특별한 외부적인 문제가 있어 이에 몰두하고 있을 때 이외에는 대개 자신의 일을 생각하면서 살고 있다. 미처 남을 생각할 만한 마음의 여유를 갖지 못한 채 살아가고 있는 것이다.

그러나 잠깐 자신의 일에 대한 생각을 멈추고 남의 장점을 생각해 보는 것이 어떨까. 다른 사람의 장점을 알게 되면 속이 훤히 들여다보이는 값싼 아첨의 말 따위는 할 필요가 없게 된다.

"세 사람이 길을 가면 이 중에는 반드시 나의 스승이 있다."

논어의 《술이》편에 나오는 구절이다. 이처럼 아무리 나보다 못한 것처럼 보이는 사람일지라도 내가 존중해야 할 면이 반드시 있는 것이다. 그러므로 자신만이 최고라는 생각을 버리고, 다른 사람의 장점을 생각해 보자. 그리고 거짓이 아닌 진심에서 우러나오는 칭찬을 해보자. 상대방은 그것을 마음속 깊이 간직하고 평생 잊어버리지 않을 것이다. 그 한 마디로 해서 그는 희망의 지푸라기를 잡게 될지도 모른다.

브로드웨이를 현혹시킨 지그펠드라고 하는 일류 흥행사가 있었다. 그는 어떠한 소녀라도 눈부신 미인으로 만들어 낼 수 있는 교묘한 수단으로 명성을 얻었다. 아무도 거들떠보지 않는 초라한 아가씨를 데리고 와서 무대에 내세울 때는 놀랍도록 매혹적인 모습으로 변모시켜 놓는 재주가 있었다.

그의 기술은 한 가지다. 즉, 상대방을 신뢰하고 칭찬하는 것이 얼마나 중요한 것인가를 알고, 그는 친절과 성의를 다해서 그녀로 하여금 자기가 아름답다고 믿도록 해준 것이다.

그는 기사도적인 멋도 아는 사람이어서 공연 첫날 저녁에는 출연 스타들에게 축전을 보내고, 코러스 멤버 전원에게 호화로운 꽃다발을 고루 선사하곤 했다. 이것이 그의 성공 비결이었다.

칭찬은 아첨과는 다른 것이다. 칭찬은 진실인 데 반하여, 아첨은 진실이 아니다. 칭찬은 마음속에서 우러나오는 것이지만, 아첨은 혓바닥 끝에서 나오는 것에 지나지 않는다.

칭찬은 몰아적이지만, 아첨은 이기적이다

칭찬이 몰아적沒我的이라면, 아첨은 이기적이다. 칭찬은 누구나가 반기지만, 아첨은 모두가 싫어한다. 따라서 아첨은 분별 있고 명철한 사람들에게는 통하지 않는다. 아첨이란 천박하고 무성의

한 것이어서 그것이 통하지 않는 것은 오히려 당연한 일이다.

영국 왕 조지 5세는 버킹엄 궁전 내의 서재에 6개조의 금언을 걸어놓고 있었다. 그중 하나는 '값싼 칭찬은 이를 주지도 말 것이며, 받는 일도 없도록 하라' 는 것이었다. 아첨은 곧 값싼 칭찬에 불과한 것이다.

멕시코의 위대한 영웅 오브레곤 장군의 흉상 아래 새겨진 장군의 신조에는 이런 말이 씌어 있다.

"적을 두려워할 필요는 없다. 달콤한 말을 일삼는 친구를 조심하라."

즉, 아첨하는 사람을 조심하라는 말이다. 진정한 인간관계를 맺고 있다면, 나에게 진정한 칭찬을 하고 진정한 충고를 해줄 것이다. 불필요하게 칭찬을 일삼는 사람을 제일 조심해야 한다.

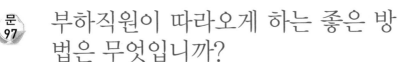

문 97 부하직원이 따라오게 하는 좋은 방법은 무엇입니까?

답 부하 직원이 아직 깨닫지 못하는 중요한 문제의 조짐을 빨리 알아차리고, 그 조짐이 의미하는 것을 부하 직원에게 시사해 주는 것이다.

해설 리더는 자기의 유능함을 부하 직원에게 나타낼 수 있는 실력을 가져야 한다. 실력으로 부하 직원으로부터 신뢰를 이끌어 낼 수만 있다면, 어떠한 곤란이나 위기에 대해서도 부하 직원은 동요하지 않고, 효율은 높아질 수 있다.

어느 회사의 공장에서 일어난 이야기다.

하나의 공정이 제대로 진행되지 않아 전체 생산성이 오르지 않아서 공장장은 그 공정에 관여하면서 여러 가지로 조사해 보았다. 그 결과 어떤 방책을 찾아내고, 자기 스스로 이 어려운 문제를 해결했다.

'이렇게 하면 제대로 진행되어 생산성이 오르지 않겠느냐' 하는 내심으로 실제로 해보인 것이다. 이러한 일이 있은 이래로 공장 전체의 분위기가 엄청나게 달라졌다.

이 경우는 공장장이 직접 자기의 기술을 보이자 모두 그 실력

323

에 탄복하여 존경심을 갖게 되었고, 공장 전체에 일할 의욕을 불러일으켜 실적을 올리도록 한 것이다. 상사가 부하 직원에게 어떤 조사를 시켰을 경우, 상사가 그 분야의 전문적인 내용을 모를 테니 대충 해두자는 기분으로 적당한 보고를 하는 경우가 있다.

이때 그것이 적당히 해온 조사인 것을 간파하지 못하는 상사는 더욱 부하 직원에게 멸시당하게 된다. 또 부하 직원의 범용한 실적에 간단하게 넘어가는 상사는 부하 직원에게 무능하게 보인다. 물론, 때로는 부하 직원이 범용한 성적밖에 올리지 못하는 원인이나 장애요인에 대해서 잘 알고 있으면서도 때로, 상사는 지적하지 않고 부하 직원이 스스로 깨닫도록 해야 하는 경우도 있다.

문제해결을 위한 참신한 아이디어를 제공하라

그러나 이렇게 간접적인 방법만으로는 효과가 없으리라고 판단될 때, 상사는 단호하게 나서서 직접 부하 직원의 일을 해치울 수 있는 능력을 가져야 한다. 앞장서서 자기의 유능함을 과시하라는 말이 아니다. 부하 직원이 상사를 신뢰하도록 만들기 위해서, 필요하다면 자기의 유능함을 나타낼 수 있을 만한 실력을 가져야 한다.

예를 들면 유능한 지도자는 부하 직원이 아직 깨닫지 못하는 중요한 문제의 조짐을 빨리 알아차리고, 그 조짐이 의미하는 것을 부하 직원에게 시사해 주어야 한다.

또 상사는 언제나 문제 해결을 위해서 부하 직원이 생각지도 못한 참신한 아이디어를 부하 직원에게 제공할 수 있는 능력을 갖도록 노력해야 한다.

부하 직원의 조사 보고나 기획 가운데에 부하 직원이 깨닫지 못하고 있는 맹점을 지적하여 부하 직원을 놀라게 하는 상사도 있다.

산에 오르는 경우, 정상을 향해 올라가면 갈수록 넓은 시야가 펼쳐진다. 마찬가지로 회사에서도 관리 단계가 위로 올라가면 갈수록 정보망이 확대되고 시야가 넓어진다.

따라서 상급 관리자는 부하 직원이 놀랄 정도의 참신한 아이디어를 내놓을 수 있는 능력을 갖추어야 하며, 그 능력을 보고 부하 직원이 상사를 신뢰할 수 있게 해야 한다.

상하관계의 리더십과 동료관계의 리더십의 차이는 무엇입니까?

상사로서의 결단을 내리거나 지시하거나 명령을 기대하고 있을 때에는 상하관계의 리더십이다. 동료로 능력이 뛰어나 리더가 되었을 때는 동료관계의리더십이다.

리더십의 형태를 잘 알 수 있는 예가 있다. 어떤 교수의 어릴 적 체험담이다. 교수가 1학년 학생이었을 때의 이야기다. 당시는 전시였으므로 학생들의 행동은 모두 군대식이었다.

그는 같은 반 학생이었던 친구와 함께 어떤 용무로 교무실에 들어갔는데, 교무실 입구에서 그가 위세 좋게 이렇게 소리쳤다.

"1학년 3반 마이클 이하 1명, 교무실에 용무가 있어 왔습니다."

이렇게 말하는 것이 당시의 풍조였다. 그런데 용무를 마치고 돌아가려고 할 때, 교무실 옆문이 열리면서 교장 선생님이 얼굴을 내밀었다.

"몇 학년 학생이지?"

"1학년입니다."

"이 학생은?"

하고 눈으로 옆의 급우를 가리키면서 물었다.

"1학년생입니다."

"그렇다면 '누구누구 이하' 라고 하지 않고 '누구누구 외 몇 명' 이라고 해야 하지 않을까?"

교장선생님은 이렇게 말하고서는 다른 말 없이 교무실로 들어가 버렸다. 그는 꾸중을 들었다고 생각진 않았지만 그 급우에게는 실례를 저질렀구나 하는 소년다운 죄책감이 들었다.

불과 1분밖에 되지 않는 이 대화가 그에게는 리더십의 첫 경험이었다고 한다.

두 가지 유형의 리더십

이 이야기에서도 알 수 있듯이, 리더십에는 상하 관계의 리더십과 동료 관계의 리더십 두 가지가 있는데, 이 둘을 제대로 식별하지 않으면 혼란이 일어난다.

이를테면 연구자 집단의 리더로서 이름을 날렸던 사람이 영업부장으로 전임된 후에는 아무래도 일이 제대로 풀리지 않고 부하 직원도 따르지 않는다고 하는 경우가 있다. 혹은 간부로는 유능했던 사람이 관리자로 자리를 옮긴 다음에는 별다른 주목을 받지 못하는 경우도 있다.

연구자 집단에서는 이렇게 하라, 저렇게 하라고 지시하거나 명령하지 않는 편이 창조성 계발에 좋으므로 리더라고 하더라도 너무 상하관계를 의식하지 않는 편이 낫다. 아니, 별다르게 의식하지 않아야 서로간의 교류도 원활해진다.

그러나 어느 때 어느 곳에서나 '누구누구 외'의 리더십밖에 가질 수 없다면 문제가 생긴다. '누구누구 이하 몇 명'을 강렬하게 의식하지 않으면 사람들이 움직여 주지 않는 경우가 있기 때문이다.

상사로서의 결단을 내리거나 지시하거나 명령을 기대하고 있을 때에는 상하 관계의 리더십을 발휘하지 않으면 안 된다.

상하 관계의 리더십을 권위주의라고 평하는 사람도 있다. 그들은 지위라는 것을 내세워 이렇게 하라, 저렇게 하라고 지시하는 것이라고 생각한다. 권력으로 사람을 움직이려고 하는 것이다. 이런 것은 분명히 권위주의적이다.

그것은 리더의 권위가 능력이나 지위에서 보는 시각이 아니라, 리더의 권력에 멤버 스스로가 경외심을 가지고 자기 나름의 막강한 권한을 부여하는 경우다.

이를테면 '그 사람은 야구에 관해서는 우리들 중 누구보다 지식과 감각이 뛰어나다. 그러므로 당연히 그가 말하는 대로 행동해야 되지 않겠는가' 하고 감독인 그에게 명령권을 부여하는 것과 같은 경우다.

문 99 이기는 리더의 세 가지 업무는 무엇입니까?

답 첫째, 자기가 지휘를 맡고 있는 이 그룹은 무엇을 하려고 하는가, 무엇 때문에 이 그룹은 존재하고 있는가를 정확하게 알고 있어야 한다.

둘째, 집단의 목표 달성을 위해서 모든 멤버가 일을 분담하도록 한다.

셋째, 리더는 멤버 한 사람 한 사람의 흥미와 능력과 현실조건이 충족되도록 배려해야 한다.

해설 리더십이란 집단의 목표를 달성하기 위하여 각 구성원이 연대감을 가지면서 자신의 능력을 충분하게 발휘할 수 있도록 원조하는 능력이라고 정의할 수 있다.

그러므로 리더는 다음 세 가지 임무를 완수해야 한다.

첫째, 자기가 지휘를 맡고 있는 이 그룹은 무엇을 하려고 하는가, 무엇 때문에 이 그룹은 존재하고 있는가를 정확하게 알고 있어야 한다.

예컨대 팀의 지휘를 맡고 있는 리더는 자기 그룹이 어떤 임무를 완수해야 하는가를 명확하게 마음속으로 다져놓지 않으면, 상사의 하는 말, 하는 행동에 일관성이 없어지고 설득력도 잃게 된다.

둘째, 집단의 목표 달성을 위해서 모든 멤버가 일을 분담하도록 한다. 즉, 그룹이란 결국 역할의 약속인데, 이 역할의 약속이 혼란스럽게 되지 않도록 하는 것이 리더의 두 번째 일이다.

역할을 혼동하지 않기 위해서는 먼저 멤버 각자의 역할에 알맞은 권한과 책임을 확실하게 해놓아야 한다. 그렇지 않으면 서로 남의 일에 간섭하게 되고, 책임을 전가시키는 소지가 된다.

권한과 책임은 일람표로 만들어 놓으면 그 뒤는 원활하게 진행되어 갈 것 같지만, 리더가 끊임없이 관찰하고 있지 않으면 어느 순간에 혼란이 일어난다.

그러므로 리더는 '나를 따르라!' 는 식으로 멤버에게 등을 돌리고 혼자서만 역주하다가는 위험한 경우가 발생한다. 오히려 멤버들을 향해 앉아 전원의 역할 수행 상황을 체크하는 편이 낫다.

예컨대 부장을 싫어하는 부장 대리는 보좌의 역할을 다하려 하지 않는다. 과원에게 열등감을 갖고 있는 과장은 부하 직원을 칭찬해 주지 않으므로 부하 직원은 재미가 없다. 역할 수행의 의욕이 솟아나지 않게 된다.

조직원들의 감정교류를 파악하라

모름지기 리더는 끊임없이 멤버들의 감정 교류는 어떻게 이루어지고 있는가에 관심을 가지고, 어떻게 하면 화기애애한 분위기가 될 것인가를 연구하지 않으면 안 된다. 한 마디로 말한다면 그룹을 하나로 뭉치게 하는 것이 리더의 두 번째 일이다.

셋째, 리더는 멤버 한 사람 한 사람의 흥미와 능력과 현실조건이 충족되도록 배려해야 한다. 예컨대 말은 서툴지만 사고력이 있는 멤버에게 계획을 맡게 한다든가, 가만히 앉아 있으면 좀이 쑤셔 오히려 침착성을 잃고 덤벙대는 멤버에게는 적당한 섭외 관계를 맡게 한다든지 하는 방법이다.

때문에 리더는 사탕과 채찍을 들고 생산성의 향상만을 생각하고 있어서는 안 된다. 진정한 리더는 멤버 한 사람 한 사람의 비위를 맞추어 줄 만큼 부드러운 사람이 되어야 한다는 말이다.

리더는 집단의 목표라고 하는 깃발을 높이 쳐들고 멤버를 독려할 때는 아버지같이, 역할의 수행 상황을 관찰할 때는 냉정한 과학자로, 한 사람 한 사람의 개인적 사정을 돌봐줄 때는 어머니 같은 모습으로 변하는, 그렇게 다양한 여러 가지 임무를 수행하는 사람이 되어야 한다.

리더의 세 가지 중요한 일은, 첫째 그룹의 목적을 명확하게 인식시키고, 둘째 역할 분담을 체크하며, 셋째 멤버의 개인적 사정에 대해 배려하는 것이다.

문 100 리더가 되고 싶은 심리는 어떤 심리입니까?

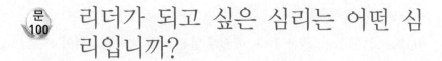

답 리더가 되고 싶은 심리는 인간 본래의 열등감을 극복하여 사람 위에 서겠다는 심리이다.

해설 리더는 꽤나 자극이 심한 임무다. 때로는 권한도 책임도 다 잊어버리고 홀가분해져 보고도 싶다. 그래서일까. 최근에는 리더가 되기 싫어하는 사람이 의외로 많다고 한다. 조직에서는 리더를 맡고 있는 사람에게 냉소적인 생각을 갖고 있는 사람도 적지 않다.

니체가 말한 '권력의 의지' 라는 단어가 있다. 어떠한 사람을 막론하고 열등감이 있고, 이를 극복해서 훌륭한 사람이 되고 싶은 욕구가 바로 '권력의 의지' 라고 한다. 따라서 사람 위에 서는 인간이 되고 싶다는 것은 인간으로서는 지극히 당연한 욕구이다.

팀장이라는 이름이 붙는 것이 싫다고 하는 사람이라도 회계라든가 광고 등의 일을 맡으면 아주 신이 나서 일을 하기도 한다. 어떤 업무에 대해서는 그 일에 관한 한 자기가 최고라고 생각하기 때문이다. 그러므로 '리더가 되는 것은 싫다', '리더를 맡고 있는 인간은 속물이다'라고 말하는 사람도 실은 어떠한 방법으로든지 리더를 맡고 싶어하는 심리가 있다고 할 수 있다.

리더는 리더인 것에 대해 조금도 죄책감 같은 것을 느낄 필요가 없다. 그럼에도 불구하고, 이를테면 어떤 그룹이 한 자리에 모였을 때, 자리 한가운데에 앉기를 주저하는 리더가 있다.

그러나 이것은 자기의 역할을 받아들이지 않는 자세이다. 그렇게 하는 것이 겸손한 행동이라고 생각할지 모르지만, 겸손도 지나치면 오만이며, 나아가서는 리더로서의 도피 행위라고 할 수도 있다.

좌석이란, 자기가 바로 리더임을 자타가 선언하는 의미도 없지 않을 것이므로, 가장 돋보이는 장소에 유유하게 자리 잡을 일이다.

제2인자로 남고 싶은 심리

그런데 세상에는 부副 자를 좋아하는 사람도 있다. 말할 것도 없이 리더가 되기에 아무런 열등감도 없지만 그런데도 리더를 맡는다는 것이 두렵습니다. 나는 사장보다는 부사장, 부장보다는 차장, 위원장보다는 부위원장이 되고 싶습니다는 심리다.

세상에는 아내 역을 지향하는 사람도 분명히 있다. 부성 원리보다 모성 원리母性原理에 익숙한 사람들이다. 그러한 사람들은 '어머니' 역할을 맡는 편이 낫다고 생각하는 것이다.

'내가 무엇인가 실패하더라도 책임을 져줄 책임자가 있으므로 책임의 질과 양이 가벼울 수밖에 없다. 나에게는 의지할 사람이 있지만, 책임자에게는 그런 사람이 없지 않은가.' 하는 생각을 갖고 있기 때문일 것이다.

분명히 따로 의지할 사람이 없다는 것은 불안한 일임에 틀림이 없다. 돌봐줄 사람이 없는 상태를 분리 불안이라고 하지만, 리더를 맡는다는 것은 어느 정도 외톨이가 되는 불안, 외로움을 견뎌낸다는 것을 의미하기 때문이다.

어머니의 치맛자락을 붙들고 있는 사내아이, 아내에게만 의지하는 남편, 남편이 없으면 아무것도 못하는 아내는 결국 자기 혼자가 되어버리는 불안, 즉 자립의 불안을 극복하지 못하는 사람이다.

이런 사람은 사람 위에 서는 것을 싫어한다. 이러한 사람이 리더가 되면 고독과 불안을 견뎌내지 못하고 노이로제에 걸리는 경우조차 있다.

100문100답 이기는 리더

발 행 일	2017년 9월 11일 초판 1쇄 인쇄
	2017년 9월 13일 초판 1쇄 발행
지 은 이	찰스 크로스비
옮 긴 이	김용환
발 행 인	마복남
펴 낸 곳	경영자료사
기획편집	이정한
마 케 팅	마삼환
홍 보	현정환
표지디자인	박경숙

서울시 은평구 신사동 18-16   등록 1967. 9. 14(제1-51호)
전화 (02) 735-3512, 338-6165 팩스 (02) 323-6166
E-mail bba666@naver.com

ISBN 978-89-88922-76-7   03320